LEE, O YOUNG

이어령

Hokyoon Ahn

OZEKO 영진미디어

LEE, O YOUNG

Hokyoon Ahn

CONTENTS

Preface

The series of Korean in the world to read in English is a series of stories about famous Koreans from various walks of life presenting their lives and achievements in English. This book is an easy and fun read for every people and a great way both to learn English and to find out more about today's heroes and what makes them so great.

The eighth story of this series is about Lee, O Young.

Lee, O Young made his debut as a literary critic at the age of 24, and two years later, he became the youngest editorial writer for a famous newspaper company. Dr. Lee actively participated in a wide range of activities in the literary circle, academia, and journalism, called a leader of the new generation.

He regularly contributed his critical essays to a newspaper, which were later collected to be published as a book titled "In the Wind and in the Soil." The publication became an instant bestseller, and was translated into several languages including English, Japanese, Chinese, and Russian, selling millions of copies in many countries of the world. After a period of 50 years from the year of its first publication, the book still remains a steady seller. His writing activity continued, and in the 1980s, when Dr. Lee worked as a researcher at Tokyo University, he wrote a book titled "The Compact Culture," and had it published in Japanese. The book became a bestseller, too, and was published in the United States, France, China, and other countries to be widely read. However, what makes Lee, O Young one of the cultural pioneers of our time is that he contributed a great deal to the rapid development of his country's cultural competence by serving as the first minister of the Ministry of Culture in Korea and laying the foundations for the establishment of Korea National University of Arts and the birth of the Korean Wave in the 21st century.

In addition, Dr. Lee led the planning of 1988 Seoul Olympics, Expo in Daejeon, Muju-Jeonju Winter Universiade, and 2002 FIFA Worldcup, playing a critical role in making the Korean culture known to every corner of the earth. Most significantly, as a chairman of the New Millennium Committee, he developed the idea of broadcasting the birth of the millennium baby live on television, celebrating the dawn of the 21st century not as an era of material possessions but as an 'age of life.' In 2010, he founded Gyeonggi Creative School of Korea, which is well equipped with its mentoring system, and inspired the young students with the value and importance of creative minds. He never ceases to be passionate and enthusiastic about creating a better future. Being genuine representative of the Korean culture and its creativity, Dr. Lee has been respected and admired throughout his entire life as a leading intellectual. The story of his unique and special journey begins here.

Lee, O Young, Creative Director of 1988 Summer Olympics Opening Ceremony

On September 17, 1988, the XXIV Olympic Games opened at Jamsil Stadium in Seoul, Republic of Korea. Before this ceremony, the opening ceremonies of previous Olympic Games were held within the boundaries of main stadiums. As this was considered the *norm for years, no one tried to develop new ideas. The 1988 Seoul Summer Olympics Opening changed the status quo as the Ceremony

---

* norm [nɔːm] ⓝ a situation or a pattern of behaviour that is usual or expected

began outside of the stadium along the Han River. The two Olympic games preceding Seoul, which were held in Moscow and Los Angeles respectively, were far from complete as the United States did not participate in Moscow Olympics and the Soviet Union and other Eastern countries boycotted the following event in Los Angeles. In Seoul, almost every nation around the globe was present at the event so the distinctive and creative *prelude of its opening ceremony was created to celebrate the spirit of harmony overcoming ideological and geographical barriers.

The ceremony *initiated at the Han River stretched into the Main Stadium and the rhythm of drums, and the colorful sights and sounds of this dynamic festival impressed the audience. The Stadium was truly a *venue of global festivities, full of splendid sights, mixed with traditional Korean music and dance, and the dynamic actions of

---

* prelude [preljuːd] ⓝ a short piece of music, especially an introduction to a longer piece
* initiate [ɪ'nɪʃieɪt] ⓥ to make something begin
* venue ['venjuː/] ⓝ a place where people meet for an organized event

Taekwondo. The stage was packed and demonstrated acts that thrilled the audience, represented their expectations, and evoked cheers and *applauses.

Suddenly, the Stadium reached a level of silence where one could hear a dropping pin. The sun quietly shone brightly on the grass. As billions of people all over the world watched, a little boy dressed in white emerged from nowhere, rolling a hoop. The spectators watched this moment with curiosity and puzzlement in silence.

This boy, dressed in a white baseball cap and shorts, crossed the stadium field in one and a half minutes in silence. The world seemed to stand still in this moment. There were no sounds of music or cheering and no movements from dancers. The world was surprised by this unexpected performance that represented silent *tranquility. If this scene were a poem, it would have one line. If it were a

---

* applause [ə'plɔːz] ⓝ shouting to show their approval or enjoyment
* tranquility [træŋ'kwɪləti] ⓝ the state of being quiet and peaceful

picture, it would have been scroll of an Oriental painting, reflecting simple beauty. In comparison to other Olympic openings and events, this moment in Seoul was considered the most memorable. The young boy in white, driving a hoop, stands out in Olympic history. Most people believe that a successful opening requires a large ceremony involving everyone to achieve a meaningful result. Lee, O Young changed this notion by introducing a simple yet daring idea. He was the man behind the young boy in white and orchestrated this simple yet innovative performance at the 1988 Summer Olympics in Seoul.

The 6-year-old rolling the hoop was Yoon Taewoong. Yoon was born on September 30, 1981. On that day, Juan Antonio Samaranch, who was the International Olympic Committee president, officially announced Seoul as the host of the 1988 Summer Olympics.

Around that time, a few foreigners were relatively aware that Korea had undergone a terrible war, devastated by bombing and destruction. Most of them believed that its city streets were filled with orphans begging for coins. Korea was just a small country located at the remote corner of Asia, which only a few people knew about. At that time, this was the *dominant image of Korea around the world.

This image changed the moment Yoon Taewoong appeared with his rolling a hoop. His appearance represented the disappearing darkness of war and poverty and the emerging bright light of peace and prosperity. It was truly a magical moment when global citizens could experience one of the distinct aspects of the Korean tradition, which emphasizes the beauty of space.

Who was the individual who put in much effort to demonstrate this profound thought with this brilliant idea?

---

* dominant [dɒmɪnənt] ⓐ powerful or noticeable than other things

That individual was Lee, O Young. He was the mind behind the 1988 Olympic slogan "Beyond the Wall" to show the suffering and hopes of his country in the opening and closing ceremonies and the variety of cultural events displayed throughout that Games.

02.

A Fighting Cock with Endless Inquiries

To everyone's surprise, Dr. Lee's nickname was "Fighting Cock." *Peers**, upperclassmen, elders, and even teachers were individuals he would fight with. His fights did not involve physical violence, but serious ideological arguments. O Young embarrassed those around him by asking tricky questions, or would be persistent in finding out what was right and what was wrong. It was rare that a day would pass

---

* **peer [pɪə(r)]** ⓝ a person who is the same age

without O Young quarreling with others.

Before starting his formal education, O Young attended Seodang, a traditional village school in Korea. Being a young student with an upright personality, he could not avoid quarreling at the school. At the age of six, he already dared to argue with his teacher.

The Thousand-character Classic method was taught at the village school. Its very first line was "the sky is black, and the land is yellow." While the rest of the students simply repeated what the teacher just read, O Young could not help but ask questions:

"Sir, are you sure that the sky is really black? It looks blue to my eyes!"

"Confound it! Does it not look black at night?"

Feeling a bit embarrassed, the teacher would often answer O Young, but O Young was not someone who could be easily convinced by simple answers.

He would *retort,

"If so, the land also looks black, not yellow at night!"

After pushing his limit, O Young was kicked out of school with his questions left unanswered. He continued to think about this matter independently without giving up. He would ponder:

"Why do they say the sky is black when it is utterly blue? The Classic has been studied by tens of millions of people so far! Why do my friends say nothing about it and just try to memorize everything when they know the sky is not black?"

The subject remained on his mind the same after he started elementary school.

Once, a teacher was teaching a lesson about James

---

* retort [rɪ'tɔːt] Ⓥ to reply quickly to a comment, in an angry

Watt, who was a British mechanical engineer. In a lecture, the teacher stated,

"James Watt could build a steam engine after watching the lid of a boiling kettle moving up and down."

In the midst of this lecture, O Young inquired,

"Teacher, was Watt's job an inventor then?"

"No, he was a repairman fixing steam engines."

The teacher replied to O Young after carefully considering the question for a while. O Young was unsatisfied with this response and asked his teacher another question:

"You said Watt invented a steam engine. How could he possibly be a repairman before he invented the steam engine?"

James Watt's version of a steam engine was developed

by enhancing previously invented models and recognized by people as the most efficient model at the time. That is why both Western and Eastern culture automatically regard Watt as the inventor of the machine. Without any further thought, most people simply accept that James Watt himself invented a steam engine. In contrast, O Young never overlooked what did not make sense to him.

"What is wrong is wrong" is what he believed.

Here is another story to illustrate O Young's inquisitive nature.

A teacher was instructing about Galileo Galilei, who was an Italian *astronomer who suggested that the earth revolves around the sun, not *vice versa.

"Constantly supporting heliocentrism, Galileo ended up being tried at a court. Even though he thought he was correct, he was forced to agree that the sun moved around

---

* astronomer [əˈstrɒnəmə(r)] ⓝ a scientist who studies astronomy

* vice versa [váisə-və́ːrsə] ⓐⓓ used to say that the opposite of what you have just said is also true

the earth. Walking out of the court, he murmured to himself that the earth revolves around the sun because he firmly believed that he was absolutely right."

As soon as the teacher finished this lecture, Lee thought

'How could anyone hear Galileo when he was just murmuring to himself?'

One day, O Young watched a swallow finding food and feeding her chicks, and asked his elder brother,

"How can a mother swallow distinguish her babies? When they keep their mouths wide open, she can't even see their faces well. How does she know which one to feed? If she keeps on feeding the ones that have already eaten, they might become overfed, or if she continues to ignore the ones that have never eaten, they may starve to death."

Ordinary kids only know about swallows in the fairy tales or bedtime stories they read and heard when growing up, but Lee, Young was different. He was curious about topics that others did not want to know about, and O Young never stopped asking questions and seeking answers. Whenever O Young asked such questions, his brother would become embarrassed and grown-ups would often scold Lee, O Young for his excessive curiosity.

His brother responded,

"Why do you ask such a useless question? Why do you need to know that? Are you a swallow?"

Despite the critique and scolding, O Young continued to think and ask questions until he eventually found satisfactory answers.

His curiosity about swallows was finally resolved when he reached adulthood. He learned that the mother swallow will usually feed the chick whose mouth is opened the widest. As the chick whose stomach is empty can usually do this best, a mother can easily notice which chick is hungrier than the rest. That's why no baby swallow is left hungry without being fed.

03.

Waking Up to be a Star of Literary World

On May 6th, 1956, a critical essay written by Lee, O Young was published in the culture section of a newspaper. Having just graduated from Seoul National University, the nation's most privileged college, Lee, O Young sharply criticized some renowned literary figures, such as Kim Dongli, in the essay titled "Destruction of Idols" He called them idols, and severely criticized their literary works.

At that time, one could only make their debut as a writer through recommendations by established novelists and poets or winning a prize at annual spring literary contests. In an era of elitism, it was highly unlikely for a poor talent to make its debut in the world, especially a young writer incurring the *hatred of senior writers. Therefore, it was almost unimaginable for someone like Lee, O Young to criticize the literary works of the greatest Korean authors of that time.

Unlike other prospective writers, Lee, O Young was determined to start his literary career on his own, relying on his creativity. He called himself an iconoclast, expressing his ideas with concise and clear sentences, expressing the passion and enthusiasm of the younger generation at the time. Lee, O Young's essay took the entire literary world by storm right after its publication.

People would ask

---

* hatred ['heɪtrɪd] ⓝ a very strong feeling of dislike for somebody

"Have you read Destruction of Idols?" or "Who on earth is this Lee, O Young?"

However, he was not the type of an *immature young man who was easily flattered by excessive praise. While fostering his creative passion and imagination, Lee, O Young never ceased to learn, think, and ask questions repeatedly, as he was doing since childhood. The following episodes demonstrate the remarkable characteristics of Lee, O Young.

In "A Green Frog in a Specimen Room," a novel by Yeom Sangseop, there is a line frequently quoted by critics for its realistic description:

"Let's dissect a frog. Steam is rolling up from the body."

Unlike typical reviewers at the time, Lee, O Young harshly criticized the line, pointing out the inevitable falsehood in it. He argued that,

"A frog is a cold-blooded animal, which means that the

---

* immature [ɪmə'tjʊə(r)] ⓐ behaving in a way that is typical of people who are much
younger

temperature of a frog is the same as that of the outer world, so it is impossible for steam to roll up from the body. You can never notice steam coming up even when you slaughter a cow. It does not make sense that dissecting a frog, which is just 5 to 6 centimeter long, can produce steam."

In fact, it is very unlikely that small frogs like a green frog are dissected in a specimen room and the dissection never causes steam to come out of the *amphibian's body.

In "When Buckwheat Flowers Blossom," a short story by Lee Hyoseok, the final scene where Dongyi, who is a young *itinerant vendor, is holding a whip in his left hand just like Mr. Heo, who is a senior merchant, implies that the characters might be son and father. This scene was also criticized by Lee, O Young on whether or not it depicted realism. The debate on whether or not left-handedness can be inherited has not yet been proved scientifically. Lee, O

---

* amphibian [æmˈfɪbiən] ⓝ any animal that can live both on land and in water
* itinerant [itinerant] ⓝ a person who travels from place to place

Young expressed his dislike to the manner of writing that authors adopted as they did not look into scientific facts and information to support their claims.

Some people might think that these arguments are not of any significance, but it seems that he was eager to criticize easygoing attitude of writers, who, immersed in singing and admiring the beauty of nature, never paid conscious attention to the reality of everyday life. He declared that we should become a new generation of farmers who could courageously burn forest, creatively build their own farmland, and diligently sow the seeds for the future.

It should be noted that Lee, O Young was not merely a fighting cock constantly criticizing the literary circle. He was also a discoverer of hidden literary jewels such as Lee Sang, whose brilliant talent was little appreciated by critics. To honor Lee Sang's talent, Dr. Lee established the "Lee Sang

Literary Award," one of the country's most distinguished literary awards.

Lee, O Young was not a destroyer of traditions, but a builder of bridges, reducing the wide cultural gap between the older and younger generations.

04.

An Intellectual with a Thousand Faces

After the April Revolution in 1960, Korean society became more liberal, allowing an individual like Lee, O Young to be free to spread his wings as pressure and *restrictions of the older generation were reduced. At age 26, Lee, O Young was recruited as an editorial writer by the president of a newspaper, who had once been a famous journalist. Lee, O Young became a columnist, regularly contributing his articles

---

* restriction [rɪ'strɪkʃn] ⓝ a rule or law that limits what you can do or what can happen

to The Seoul Shinmun and The JoongAng Ilbo.

The man who created the Olympic slogan "Beyond the Wall," first created catchy names for his newspaper columns such as 『Delta』 and 『Fountain』. Leaving behind his old nickname of 'fighting cock,' Lee, O Young began to be called the 'leader of the young generation' or 'the magician of language'. In addition, he took his first step as an educator when he started to teach students at Seoul National University.

Right before the April Revolution, he worked as an editor-in-chief of 『Dawn』, one of the two greatest monthly publications at the time. Lee, O Young was an enthusiastic supporter of the opposition party fighting against the *autocratic Syngman Rhee regime. He surprised both the literary world and the readers by dedicating one-third of the pages to a single medium-length story, which was a rarity at the time. 『The Square』, a famous novel written by Choi

---

* autocratic [ɔːtəˈkrætɪk] ⓐ having complete power; involving rule by somebody who has complete power

Inhun, was one of the literary works which were discovered by Lee, O Young and introduced to the public and given a chance to see the light of day.

In addition, Lee, O Young decided to work on the publication project for 「The Collection of Controversial Postwar Works」 to have a great influence on young students and prospective writers. He started his career as a publisher when he began publication of 「Literary Ideology」 to contribute towards fostering young students.

Even though Lee, O Young was involved in such a wide range of work, he insisted that he was always working on a single task.

Lee, O young was an author writing literary criticism, journalist contributing newspaper editorials, professor teaching students at college, and publisher making books for a younger generation. He was literally an intellectual with 'a thousand different faces,' working vigorously on almost every field of the Korean culture.

When it came to literature, not only did he excel at criticism and essays, but also at novels, poetry, play, and screenplays. In addition, he came up with some catchy slogans like "Beyond the Wall" and "Slow in Industrialization, but Swift in Information Society," and such creative new terms as "gotgil" meaning a shoulder of the road, and 'digilogue," to name a few. It is said that the total number of his professions and titles is more than twelve, and the number of his books registered on a library search system amounts to over 150.

For whatever he did, wherever he was, or whichever responsibility he took, Lee, O Young strongly avoided mindless repetition of what had been done, and resisted completing work simply out of habit. He never imitated the way others were doing things. He kept on thinking for himself, and tried to create and develop his own ideas. He followed his own path as a 'creator' since he believed that was his profession and specialty.

05.

Conquering Japan with the Pen

Lee, O Young went to elementary school during the period of Japanese *colonial rule. He wrote articles for 'The Story of Koreans' published on The JoongAng Ilbo, describing the most painful events he had experienced during that time. One of them was about the Japanese education policy preventing children from using Korean language. It was as touching as 『The Last Class』 by Alphonse

---

* colonial [kə'ləʊniəl] ⓐ connected with or belonging to a country that controls another country

Daudet. The article describes his experience as follows:

I became a second grader that year. Minami, the Japanese governor-general, gave an address of instructions which emphasized the 'Japanization' of Korean people. In order to transform the Korean *peninsula into a supply base to support the war against China, Japan needed to urge strict regulations regarding the 'Japanese Use Only' policy.

By that time, the Korean language was becoming replaced by Japanese, and there were a growing number of children who didn't call the Korean language their mother tongue any more.

Kids must have had no idea what that really meant. The classroom atmosphere was utterly changed because of the Japanese only policy. The teacher gave out ten small stamps to students, stating "From now on, we will practice

---

* peninsula [pəˈnɪnsjələ] ⓝ an area of land that is almost surrounded by water but is joined to a larger piece of land

the Japanese Use Only movement. If you find someone who speaks Korean, exclaim 'stamp' and take a stamp from the student. Every Saturday, a prize will be given to a student who takes the most number of stamps. People who lose their stamps will have to clean the toilets, and the last one won't be able to go home because those students have to attend extra classes after school." As the teacher finished talking, the classroom was filled with both shouts of joy and cries of fear. We were all guilty when we tried to speak our native language.

In the beginning, stamps were easily taken and easily lost, but as time passed, the war of stamps became quite competitive. The number of Korean speakers decreased steadily, and students who were not fluent in Japanese would not speak at all. The Japanese Empire seemed to be successful in their 'carrot and stick approach,' making children keep watch on one another.

It did not take long before it became almost impossible to take stamps from other students, unless nasty strategies were adopted. When you said "You!" in Korean, your stamp was gone. Kids would jump someone and claimed their stamps when the poor victim screamed painfully in Korean, which was their natural response. Some students would *ambush others near a toilet and make them shout "Aigomeoni", which is the equivalent of "My goodness!" in English. If the startled student protested desperately what they'd just said was not Korean, they went to a teacher together for a fair judgment, asking "Sir, is Aigomeoni Japanese or Korean?" The result would often lead to the loss of the stamp.

Little children, however, came to realize that there is a difference between Korean and Japanese when it came to

---

* ambush [æmbʊʃ] (n) the act of hiding and waiting for somebody and then making a surprise attack on them

some basic expressions used in emergency situations, and "Aigomenoi," an exclamation with no obvious meaning, is in fact a word of calling for mother. The *backlash against the Japanese Use Only policy was growing stronger. Young students learned that it was nearly impossible to scream or yell in Japanese, no matter how much they were pressured to do so as they could hardly forget the Korean mother tongue they acquired as infants.

Those who were in great need of stamps traded pencils, set squares, or erasers for them, and those rich in stamps got to understand that the steel badges they received as prizes were actually not nearly as useful as stubby pencils, taking a more practical approach. As the carrot and stick scheme began to lose its effectiveness, the pressure from teachers grew much stronger. Mr. Shioi, a Japanese principal, called an emergency meeting every morning, and he himself

---

* backlash [bæklæʃ] ⓝ a strong negative reaction by a large number of people

presented the 'Japanese Use Only' awards to the winners.

One Saturday after school, my homeroom teacher made me and my classmate Kuma, which means a bear in Japanese, stay in a classroom. While we were actually in a mortal fright, he handed out some test papers and asked me to grade them, and ordered my poor friend to kneel down and raise his hands in the air until he came back because he won the wooden spoon in the class, again. He told me to keep my eyes on Kuma, walking out of the classroom.

My friend's original nickname was 'Gom,' which stands for a bear in Korean, but the Japanese only policy changed it into Kuma. While he was the biggest and tallest boy in my class, he was clumsy with almost everything, including speaking Japanese. Eager to take his stamps, the kids always wandered around him like a group of hungry sharks. As Kuma's grandfather was waiting for him at home all by himself, my friend wanted to go home right after school, and begged the sharks not to take his stamps in the Korean language, which eventually caused him even more damage.

For quite a while, I was grading test papers in an empty classroom, and Kuma was staring at the ceiling with both of his hands raised, without presence of the homeroom teacher. He then tried to say something, looking toward my direction, but then turned his head and continued to stare at the ceiling again.

I said to him, "Kuma, don't worry. I'm not going take your stamp. Put your hand down and speak in Korean." On hearing this, he burst into tears, which fell on the wooden floor. Not knowing what to say, I was looking at his face, and suddenly there came a sound of the harmonium. It was 'Donauwellen Walzer,' which I would sing in Korean at home and in Japanese at school. Strangely, the waltz felt very sad when I sang it in Korean, but sounded quite cheerful with the Japanese lyrics.

The music of the harmonium sounded far and distant as if it were coming out of the deepest corner of Kuma's lungs. We used to call the harmonium 'Organg,' and we were aware that it was neither Korean nor Japanese. As we could enjoy the sound of the harmonium without the lyrics accompanying it, we didn't need to care about the choice of the languages.

The beautiful sound of the waltz, like the sound of the wind, flew out of the window of the classroom, passed through the long hallway, went across the empty schoolyard, and reached the field of May. At the very moment, I swore to myself that I would never try to take Kuma's stamps, no matter how many times he would accidently speak the Korean in the future. If he could keep his stamps from other students, he would be able to remain the strongest boy in my class.

The passage helped readers understand why Lee, O Young went over to Japan in the early 1980s when he had plenty of work to do in Korea. It illustrated his painful experience of being forced to speak Japanese. Lee, O Young planned to avenge himself against Japan using the Japanese language he learned against his will. He wrote a book in Japanese titled 『The Compact Culture』 and had it published in Japan, which made a national bestseller.

Some 30 years has passed since its first publication, but the book still sells well in both Korea and Japan. Lee, O Young's book was translated into several languages including English, French, and Chinese, and it is considered one of the most insightful studies on Japan, along with Ruth

Benedict's 「The Chrysanthemum and the Sword」.
「The Compact Culture」 is regarded as a modern-day classic, and excerpts from the book continue to appear in the entrance examinations of many Japanese universities.

Lee, O Young wrote a book using the Japanese language he had had no other choice but to learn, and used it to criticize the Japanese culture, becoming a bestselling writer. He showed Japanese people who Koreans are and what Korean culture is like. The book allowed Lee, O Young to give the Japanese language, which had caused him pain, back to the Japanese.

Renowned in Japan, Lee, O Young was appointed as an advisor for Nara Prefecture in Japan, and an honorary president of Nara Prefectural University. It was one of the programs that celebrated the 1300 years of cultural exchange between the two countries dating back to the days of Baekje

Kingdom, which sent its scholars to Japan to help construct the capital city of Nara. As a part of expressing gratitude, Nara Prefecture invited the famous Korean professor to celebrate the contribution of the ancient Koreans together.

06.

A Carpenter Building a Home in a Barren Land

Amongst his numerous works, Lee, O Young aimed to intellectually incorporate all the facets of cultural arena. He placed his efforts on creative cultural activities, declining nominations as Culture and Public Affair Minister on several occasions. Finally in 1990, he accepted the post when South Korea had its first Ministry of Culture.

In his *inauguration speech, he compared his role

---

* inauguration [ɪˌnɔːgjəˈreɪʃn] ⓝ a special ceremony at which a new public official or leader is introduced

in the ministry to "a carpenter building a home in a barren land," explaining that

"A carpenter does not build a home to live in it. He builds a new home for a new home owner."

A carpenter lays the foundation of a home, setting a structure for others to fill. Likewise, Lee, O Young would leave his post as Culture and Public Affair Minister when the time was ripe. His inaugural speech was effectively a farewell in this context. He was true to his words; he laid the foundation. Lee, O Young planned out the 10 year cultural development plan for South Korea, and set the cornerstone for establishing the Korea National University of Arts (KArts), which equals to the Julliard School in New York, before his resignation. This was a longtime dream for the Arts and Music communities, who believed it was impossible to achieve at the time. On his resignation day, a final cabinet meeting approved the law establishing a *prestigious institution that continues to foster numerous international award-winning *prodigies in arts and music.

Lee, O Young's many accomplishments changed the course of art and culture in South Korea. He invested much effort towards helping Korean people expand their cultural sensitivities and implement Korean culture in their everyday lives. Presently, a musical ringtone is a common occurrence in modern urban life. Lee, O Young first adapted the ringtone in 1990 when he became the Minister of Culture. When someone called the Ministry, the phone would ring with the sound of gayageum or a cry of the *magpie. In Korean culture, the magpie has been long regarded as a messenger of good news. Utilizing such a unique ringtone *exemplified

---

* prestigious [preˈstɪdʒəs] ⓐ respected and admired as very important or of very high quality
* prodigy [prɒdədʒi] ⓝ a young person who is unusually intelligent or skilful for their age
* magpie [mægpaɪ] ⓝ a black and white bird with a long tail and a noisy cry
* exemplify [ɪgˈzemplɪfaɪ] ⓥ to be a typical example of something

his creative approaches to incorporate culture into the everyday lives of Korean people and creating a more positive image of the ministry to the public.

Out of his numerous projects, Lee, O Young worked on "Ssamji Park" with *exhilaration. Ssamji Park was a small lot located in a low income region in Seoul. The lot was thought to be unsuitable for development, but it is now a popular site to visit in the nation's capital city. Twenty years ago, the public thought it was a waste to devote resources on such pieces of land they believed to be worthless. At congressional hearings, congressmen would scorn Minister Lee, O Young for wasting resources on these tiny lots. When challenged by such critiques, Lee responded that lots like Ssamji Park

"[are] not just a tiny lot[s]; it, in fact, is a live art school. Kids in *shantytown have no place to go but here. They will gather up in Ssamji Park and would look up the Moon and

---

* exhilaration [ɪgˌzɪləˈreɪʃn] ⓝ a feeling of being very happy and excited
* shantytown [ʃæntitaʊn] ⓝ an area in or near a town where poor people live in shanties

listen to things around them. This small peace in the bustling city would remain in them forever. Someday, they would become Mozarts or Picassos of Korea."

Lee, O Young wanted to provide low income children with a space where they can experience art and culture in their lives. He envisioned that such inspirational places would develop their creativity and cultural appreciation. Lee, O Young's vision did not end there. He proposed other innovative ideas that would make art and culture more accessible to *marginalized populations. Such ideas included Moving Libraries and Moving Art Galleries, which would deliver books and art works by bus to shantytowns, hospitals and factories. Such exhibits would allow low income populations, patients and blue collar workers more access to literature, art and culture that they could enjoy and use to enrich their lives.

---

* marginalize [mɑːdʒɪnəlaɪz] ⓥ to make somebody feel as if they are not important

07.

A Mother Reading Books to her Son

Where did Lee, O Young's interest in art and culture originate? What or who inspired Lee, O Young's creativities, innovations, unique ideas and *unquenchable passion?
In one of his works, Dr. Lee confessed that his love for arts and culture were fostered mainly by his mother, who read books to him in his early youth. Lee, O Young's mother was born in the last period of the Joseon dynasty and received

---

* unquenchable [ʌnˈkwentʃəbl] ⓐ that cannot be satisfied

a Western education. She was fond of literature and would find opportunities to read books to her young son. Lee, O Young described his mother as a book, one that was so vast and deep and whose story he could never finish reading in a lifetime:

"In my study, there are thousands of books on shelves, but amongst so many, there stands out only one true book to me. This one book, a book of eternity, a book never meant to be finished, is my mother. It is not just in a metaphorical sense. It is so vivid to me. It has printed letters and I could literally read it on my hand and put it back on the shelf. I knew about books even before I learned to read. My mother read books at the bedside and at times she read them to me.

Even when I was sick with fever, she would read novels to me out loud. *King of the Dungeon, The Man in the Iron Mask, Ah! Heartlessness* and some stories that I could not recall were read to me with the faint scent of medicinal herbs······ and I remember even now, while hearing the harsh winter's wind sweeping over the roof top or when the summer's monsoon rain and thunder crashed outside, I visited the world in the white books in my mother's pale hands. The well of my imagination, the ideas I draw up, the subtle weight I feel and the colors I see in the consonants and vowels were all influenced by the sound and stories I heard from my mother's voice.

My mother inspired my imagination. She was my first poem and drama, and her life is like a long story that knows no ending. To me, the world of my mother and books is like a *syringe box. The needle always frightened me, but the glittering foils and fluffy white cotton in the syringe box looked beautiful and calming.

I still remember the wonder of phonic characters that

---

* syringe [sɪ'rɪndʒ] Ⓝ a plastic or glass tube with a long hollow needle that is used for putting drugs

dissolved into me while I was immersed in the 39 Celsius heat of fever. I still recall the vibration of marvelous vowels from the deep well of imagination.

As I grew a little older and learned to read and started to write with a *stubby pencil, I always had a book that my mother had once held in her hands. This fundamental book, which lives in me, is where my mother voice haunts me. This book of imagination has now branched out to become a library and the voice in it has urged me to continue my writing and add to my collection."

Books like *King of the Dungeon, The Man in the Iron Mask, Ah! Heartlessness* and literary masterpieces like *Les Miserables* and *The Count of Monte Cristo*, are classes that my mother read to me. Sentiments and imagination that were passed on to me has then borne the best-selling book, *In the soil and in the wind.*

---

* stubby [stʌbi] ⓝ short and thick

In the Soil and in the Wind is a Korean cultural critique written by Lee, O Young which examines the cultural face of Koreans, their wounds and revealed their bare skin for the first time.

In the beginning of the book, there is an old couple running forward holding tight onto each other's hands while a Jeep nearly runs them over. They don't know how to *evade or step aside from its path. They only run forward to escape. Lee, O Young saw the lives of Korean people throughout history represented by this elderly couple fleeing from danger. Regarding the country's past foreign invasions, its people, like the elderly couple, could only run forward instead of stepping aside.

In contrast to past reactions to change, Lee, O Young proposes,

"Now, let us not run. Let us not escape with scared

---

* evade [ɪ'veɪd] Ⓥ to escape from somebody/something

faces and tight hands, or fear losing our grip. Let us now build the history of future for the soon-to-be-born grandchildren and ensure their nights be more comfortable. Let our shaking hands be steady like the screens, walls and fences that surround and protect them."

This earnest voice and message, expressed in his twenties, did not cry out in vain. The message resonated across his reads and echoed throughout society. When book was released, copies started to sell out. 50 years after its first release, more than 2.5 million copies have been sold after numerous reprints. It has become one of the most translated works on Korean cultural critique and it has been translated into English, Japanese, Chinese, French and most recently, Russian.

Lee, O Young continues to write in Korean, the beautiful first language he learned as a child in his mother's arms. His love for his native language led him to become the honorary headmaster of Sejong Hakdang, an institution that teaches Korean language to people from all over the world. When he became the headmaster, he shared this message to Korean language teachers all over the world for their important work of pride and heritage:

"We live in two worlds. One is a world of earth, our land. The other is the world of Korean language. We have been taken off of our land, but our language has not been taken from us. Therefore, as long as we do not forget our language, we are always and forever Koreans, even if we live abroad."

08.

Behind the Story of
the New Millennium Baby

In 1999, South Korea, like many countries all over the world, was preparing for the new millennium. As he possessed high credentials, Lee, O Young was nominated to be the chairman of Committee for New Millennium.

The world was pondering on what to do and how to impress their people at the start of the New Millennium. Some countries planned and organized multi-billion dollar high-tech ceremonies, whiles others wanted to dazzle their people with spectacular shows. Other countries proposed to host mass games to celebrate the occasion.

During this period, Lee, O Young considered different ideas to celebrate the arrival of the New Millennium. One idea was to hold a live broadcasting of the birth of a newborn occurring around 12 AM on January 1, 2000. The broadcast of the birth would represent the celebration of the beginning of the New Millennium, welcomed by the cry of a new life beginning its journey on Earth. Lee, O Young's focus differed from other countries focusing on extravagant material displays as he focused on what everyone should value above material possession, which was the value of human life. Instead of focusing on material wealth, Lee, O Young felt that celebrating the birth and life of a human being was a priceless, unique, and suitable way to welcome a once-in-

a-lifetime event such as the New Millennium. The birth of a child is a life event most people can celebrate, share and experience together as one family and one nation.

However, when Dr. Lee first proposed this idea, it was not well embraced or accepted by the public. They criticized and expressed concerns with pulling off such an event, questioning how one could find such a new born at that time, how many broadcasting teams would be needed to pull it off and whether or not it was even possible. While many disagreed to the idea, Lee, O Young achieved his proposal. He calculated the rate of births in a day in South Korea with the assistance of the Korean Society of *Obstetrics and *Gynecology. All the possible candidate mothers were located and 20 clinics all over South Korea were selected. Digital cameras were hooked up to notebook computers which connected to the internet, sending out the live

---

* obstetrics [əb'stetrɪks] ⓝ the branch of medicine concerned with the birth of children
* gynaecology [gaɪnə'kɒlədʒi] ⓝ the scientific study and treatment of the medical conditions and diseases of women

broadcast of the event in Gwanghwamun Gate. Viewing such an event was only possible in IT advanced countries where high speed internet connection was already established. Using the world's most advanced network infrastructure, such an event was not a normal broadcast. It relied on internet networking, also known as a "Thunder Operation."

The timing of the birth was perfect, occurring in St. Mary's Hospital in Anyang. When the bell rang and signaled the end of the countdown, the cry of the Millennial newborn echoed the welcoming cheers across the globe, marking the beginning of the New Millennium. After the event, the President of South Korea raised his hand high and declared,

"At this very moment, the first baby of the New Millennium has arrived!"

He proclaimed that

"Multi-billion dollars would not be able to create a life.

Money is not the only value we can show to the world as life itself has the utmost value. The hope for the New Millennium should be symbolized by the birth of a new, pure life."

The cry of the millennial baby, known as a Zummun-deungee (Zummun is a Korean term for thousand that Lee, O Young found in an ancient Korean text), was both a blessing and a warning to South Korea. Following this event, Korea would suffer a period of low birthrates, putting the country into crisis.

This event was not the only idea that Lee, O Young proposed to celebrate the New Millennium.

Kiribati is a small island nation in the Pacific, located on the international date line. It is believed to be a place where the first sunrise and sunset occurs in the world. On the morning of the New Millennium, a torch was lit on Kiribati to symbolize the Sunbeams of the New Millennium.

This idea was unique to Lee, O Young and it appeared that no one else had thought of this idea. This torch was the only fire lit on the globe to mark the first light of the New Millennium.

The Torch of the New Millenium continues to burn at Homigot, Pohang. It is located on the Korean Eastern shore and symbolizes the dawn of the New Millennium. Another torch, lit on the Korean Western shore in Byeonsanbado, symbolizes the dusk of the New Millennium. As the world is in the dawn of the New Millennium, the Eastern Torch continue to burn. For such an event, it was ingenious that Lee, O Young set up a device to brighten the most cloudy winter day fifteen years ago.

09.

Hologram that enchanted
the World Conference on Arts Education

Four versions of musician Kim Duksoo went up

on stage to play the samulnori, which is a traditional

*percussion quartet. The piece began with the Buk, which

is like a tambourine, and then with the Janggu, which is a

large gong. It was followed by the Kkwaenggawari, a smaller

Korean gong and in this strange ensemble, the instruments

blended together in rhythm to perform an exhilarating

---

* percussion [pəˈkʌʃn] ⓝ musical instruments that you play by hitting them with your
hand or with a stick, for example drums

percussion piece. The performance showcased a four dimential samulnori quartet, featuring three virtual versions of Kim Duksoo while the real Kim performed live amongst the copies. Despite its virtual nature, the quartet exhibited a realistic and exhilarating live performance. This mysterious and enchanting perform was part of the opening ceremony for the World Conference on Arts Education, directed by Lee, O Young.

In 2010, Lee, O Young established and became the honorary headmaster of Gyeonggi Changeo, which is a Gyeonggi Providential Institute for lifelong learning offering a mentorship system. Lee, O Young was the very first man who popularized a mentorship education system and the word Changeo, which means creativity. Changeo has become a familiar and well spoken word, used even in formal contexts, such as the discussion and development of Korean government policy.

There was an experimental performance held at Gyeonggi Changeo titled "Bringing up a Flower from a Dead Tree." The performance was an overlap of real performers and virtual performers projected by a hologram device. In the performance, a Korean traditional theme was displayed using cutting-edge optical technology. This unconventional performance of a traditional theme stirred up various media attention at the time.

One reporter described the event as the following:

"On the stage is Master Kim Duksoo of samulnori. The stage is pitch black. At the front of the stage, one dead tree is standing alone, as if it were the winter season. Master Kim is now speeding up the Janggu beat. Just as the blitz of Janggu beat starts to fade, the dead tree begins shouting its sprouts to the amazement of all the audience. This feature was only the beginning of the performance. The tree has fully bloomed and begun to shed its vibrant green leaves one by one. Janggu beats start to mimic the sound of water drops, appearing to cause the leaves to swell and become a vortex of visuals and sound. The dark *desolate stage has become full of lively green light, a reflection of the young vibrant leaves. Dandelion seeds floating on the stage are now appearing to fill up the entire auditorium. The entire room is filled with the vitality of Spring."

Prior to this performance, there were numerous efforts to combine high-tech media with live performers, but the application has been limited to the stage, its background and supplementary stage tools. The performance of "Bringing up a Flower from a Dead Tree," demonstrated how 4D hologram technology could act as the medium, connecting performers, actors and the audience together as part of the act. The

---

* desolate [desələt] ⓐ empty and without people, making you feel sad or frightened

harmonious and awe inspiring totality of such a performance is like another work of art within the act.

Following the spring bloom, the reporter continues to describe the following events of the performance:

"Master Kim, who is leading with Janggu, is joined by other virtual Master Kims playing Buk, Gong, and Kkwaenggawari respectively. Traditional Dance Master Kuk Suho takes a part in holographic form. Master Kuk performs a teleportation dance with the aid of holographic effects and technology.

Suddenly, the tree covered in Spring vitality is covered with frost. Master singer, An Suksun, sings the tune of Han, which is Korean sorrow. The tune then changes with the exhilarating samulnori beats taking over and the tree begins to glow and bloom once more. Apricot flowers are now filling up the auditorium with a sweet scent. The scent is so real, it seems that apricot blossoms are filling up the entire room. As the audience starts to question their senses, the samulnori group begins to play an upbeat percussion tune to stir up and change the scene on stage."

The performance was directed by conference chairman Lee, O Young. He combined a very traditional theme with high-tech optics, which made its debut in front of the three thousand world leading specialists participating in the World Conference. One of the participants became overwhelmed by emotion and in tears, wrote,

"All these ideas became a reality because Lee, O Young studied computer technology in his early years, as well as Digilog theory."

"Bringing up a flower from a dead tree" was both a real live performance and virtual reality act. It provided the audience a realistic unique experience with realistic virtual effects, blurring the line between reality and virtual reality. Lee, O Young facilitated and presented the 4-D Digilog performance of real performers and hologram technology while showcasing traditional Korean content. He attempted to *rejuvenate the impoverished human sensibility and show the destruction of earth and nature in our digital age through the performance of "Bringing up a Flower from a Dead Tree." This performance touched the consensual sensibility of humanity across the globe within the international audience and inspired similar performances in other parts of the world.

---

* rejuvenate [rɪˈdʒuːvəneɪt] Ⓥ to make somebody/something look or feel younger

10.

Eternal Creator

In his study, Lee, O Young has a desk which is 4.5 meters long. He explains that the desk symbolizes the breadth of knowledge and that believes that his own knowledge base is one of the largest in Korea and perhaps in the world.

The desk has another unique feature along with its size. Its surface supports 8 different types of computers. These computers are all currently used for practical purposes by Lee, O Young and are not there for simple exhibition.

Lee, O Young created 'Digilog theory' with the belief that the new paradigm of technology, which combines digital and analog, could further expand the future of Korea. He has developed a program based on his Digilog theory. If one writes on piece of paper with a pen, the computer will recognize the writing. There are two methods of recognition with this program. The first method of recognition can be achieved by a pad beneath the piece of paper. The pad reads the writing by the pressure made by the pen when the message is written. The second method is achieved by calculations made using the analog pen's position on the paper. The analog pen sends digitalized information to the computer to *interpret and read. This process is known as "Digilog." Lee, O Young aims to see his Digilog theory in

---

* interpret [ɪn'tɜːprɪt] ⓥ to explain the meaning of something

practice one day. He explains that

"I think that everyone should experience the difference between writing with a pen and typing on the computer. The sounds and sensations created by the pen scraping over a piece of paper affects how a person writes and the shapes of the letters. It differs from typing on hard plastic keys. My goal is to have computers recognize the act of writing and communication using a pen and being sensitive to its changing features."

In his 80s, Lee, O Young made several contributions that helped South Korea become a leading nation in information technology. He learned and studied information theory and computer skills as much as young scholars were learning in the field. When IT and Internet were unknown amongst the public, Lee, O Young managed to hold a video conference connecting Japan, China and South Korea via satellite network. This conference occurred about 20 years ago. Lee, O Young's far reaching visions were supported by his driving force and ambition to turn his ideas into reality.

When pop singer Psy's "Gangnam Style" swept across the world with its signature horse riding dance, Dr. Lee commented,

"There are only two people who have conquered the world with horses. One is Genghis Khan, and the other is Psy. While Genghis Khan shed much blood and violence, Psy provided the whole world with laughter and joy in contrast. Both individuals used horses and originated from similar Mongoloid backgrounds, but they took such different paths. I would prefer to let the world dance to keep this stagnate globe spinning!"

No one could find this commonality between Psy and Ghengis Khan like Lee, O Young. He could capture the commonality between such different individuals using the two words "horse" and "conquer." Lee, O Young could translate and connect his unique ideas to values and world views using just a few sentences.

Dr. Lee's words made us realize that the strength of a song and dance lies in how they bring laughter and joy. Rhythm and steps get the world moving. Such art can rejuvenate a stagnant world lost in recession and that is the potent power and strength that art and culture can bring.

This final episode illustrates and summarizes Lee, O Young's unique ideas and breadth of thought. A reporter once inquired Lee, O Young what he thought about turning 80 years old. Lee, O Young laughed in response and asked the reporter:

"How many zeros does 80 have?"

"Well, 80 has one zero."

"I see three zeros."

"Really? If it has three zeros, do you mean 8000?"

"No, an 8 has two zeros in it already."

"Oh, that is right. Now I see what you mean."

"No, that is wrong. If you flip an 8 on its side, you see infinity. The number 0 has infinite quality."

"Ha-ha, Dr. Lee you got me once again!"

Even in his older age, Dr. Lee could make a youthful reporter laugh at his witty and profound response.

He replied with "infinity" and his ideas and creativity are truly infinite.

His free thinking defies being bound and he possesses a relentless will to seek challenges. Lee, O Young's deep values distinguish between truth and falsehood while his initiative pushes him to put his visions into action. His mind is still vivid in his 80's and he continues to explore intellectual adventures. Lee, O Young has been and continues to be an "Eternal Creator," as his creativity and achievements will be remembered by everyone in the present and future times ahead.

목차

서문

『영어로 읽는 세계 속 한국인』 시리즈는 우리 시대의 각 분야에서 최고라고
불리는 동시대 인물들의 일대기를 영어로 되짚어 보는 도서입니다.
초등학생부터 성인에 이르기까지 세대를 뛰어 넘어 많은 사람들이 읽을
수 있도록 쉽고 재미있게 구성되어 있으며, 영어 공부에 도움이 되는 것은
물론, 그들이 최고의 경지에 이르게 된 성장과정에 대해서도 알 수 있어 특히
성장기의 청소년들에게 귀감이 될 것입니다.
여덟 번째 시리즈는 이어령에 관한 이야기입니다.

24살에 평단에 등장한 이어령. 그는 26세라는 어린 나이에 최연소
신문사 논설위원으로 칼럼을 전담하게 되었습니다. 이후 문단과 대학의 강단,
언론계 등 다양한 분야를 오가며 문화 활동에 전념하여 당시 젊은 세대들의
기수로 불리기도 했습니다.

신문에 연재를 하다가 나중에 이를 모아 책으로 펴냈는데 그 책이 그
유명한『흙속에 저 바람 속에』라는 책입니다. 이 책은 출간이 되자마자 엄청난
베스트셀러가 되어 영어, 일어, 중국어, 러시아 등 여러 나라의 말로 번역되어
세계 여러 나라에서 수백만 권이 팔린 기록을 가지고 있습니다. 책이 나온 지
벌써 50년이 훌쩍 넘었지만 아직까지도 많은 사람들이 찾고 있는 롱셀러로서 그

명성을 이어가고 있는 것입니다. 그이 저자 활동은 이후에도 꾸준히 이어졌으며 1980년대에는 일본 동경대학의 연구원으로 있으면서 『축소지향의 일본인』이라는 책을 일본어로 출간하기도 했습니다. 이 책 역시 베스트셀러가 되어 미국, 프랑스, 중국 등에도 소개되어 지금까지도 여전히 큰 사랑을 받고 있습니다.

하지만 무엇보다 문화의 선각자로서 이어령을 남다르게 평가하는 이유는 따로 있습니다. 1990년대에 초대 문화부장관으로 취임한 뒤 한국 문화입국의 기반을 다짐으로써 예술종합학교를 설립하는 등 현재 세계적으로 불고 있는 한류의 물꼬를 트게 되었다는 것입니다.

또한 1988년 서울 올림픽, 대전 세계 엑스포, 무주 · 전주 동계유니버시아드 대회와 한일월드컵 등의 개회식을 기획하여 지구촌 곳곳에 한국 문화를 널리 알리는데 누구보다 큰 역할을 해냈습니다. 특히 새 천년 준비위원장으로서 밀레니엄 축제를 진행할 때에는 '즈믄둥이'의 탄생 장면을 실시간으로 중계하여 전 세계에 방영함으로써 새로 시작하는 21세기가 단순 물질의 시대가 아닌 '생명의 시대'임을 선포하기도 하였습니다. 2010년에는 멘토링 시스템을 도입한 경기 창조학교를 만들어 자라나는 우리 아이들에게 '창조'정신의 소중함과 가치를 심어주는 발화점이 되는 등 미래를 향한 그의 열정과 꿈은 결코 식을 줄 모르고 계속 이어지고 있습니다.

대한민국 문화를 대표하는 진정한 창조의 아이콘, 80 평생 늘 한결같은 모습을 가진 채 지금 이 순간에도 수많은 이들의 존경을 받으며 앞선 지식인의 삶을 걸어가는 문화 크리에이터 이어령. 그만의 특별한 이야기가 이제 시작됩니다.

01.

올림픽 굴렁쇠 어린이를 보여준
크리에이터 이어령

1988년 9월 17일, 드디어 대한민국 서울의 잠실벌에서 올림픽 개회가
선언되었습니다. 그때까지만 해도 식전, 식후 행사를 포함한 모든 올림픽의
개막식 행사는 메인 스타디움 안에서 이루어졌습니다. 그것은 매우 당연한
일이었고 당연한 일이었기에 그 이상은 아무도 생각하지 못했습니다. 그런데
이번엔 달랐습니다. 서울올림픽의 시작은 경기장 안이 아닌 경기장 밖,
바로 한강에서부터였습니다. 서울올림픽 이전 두 번의 올림픽에서 한 번은
미국이 불참하였고 또 한 번은 소련을 비롯한 동유럽 국가 등이 참석하지
않은 반쪽짜리 올림픽이었습니다. 그런데 이번 서울올림픽은 모두가 참여한
올림픽이기에 이념의 벽을 넘어, 공간의 벽을 넘어 모두가 하나가 되는 것을
보여주기 위한 독특하고도 창의적인 올림픽 서막이었던 것입니다.

　　한강에서 시작한 장엄한 서막 행사는 메인 스타디움으로 이어졌으며

이내 북소리와 함께 화려하고도 흥겨운 행사가 진행되었습니다. 매스게임의 화려한 안무와 율동, 우리네 전통 악기와 춤사위로 어우러진 무대와 우리 전통 무예인 태권도의 화려한 공연 등 설렘과 기대, 환호와 환성으로 가득한, 그야말로 지구촌 축제의 한마당이 크게 벌어진 것입니다.

그런데 그 때, 그렇게 떠들썩하고 환호에 가득 찼던 메인 스타디움이 갑자기 조용해졌습니다. 텅 빈 잔디밭 위로 한낮, 정오의 햇빛만이 고요하게 쏟아지고 있었습니다. 10만 관중과 수십억 세계인의 시선이 그 공백의 순간에 멈춰 있을 때 문득 하얀 옷을 입은 어린이 하나가 굴렁쇠를 굴리며 나타났습니다. 모두들 호기심 가득한 마음과 의아한 눈빛으로 바라보았지만 어떤 소리도 내지 않고 그 공백의 시간을 함께 했습니다.

운동모자에 반바지 차림의 어린이 하나가 운동장을 가로질러 사라지는 1분 30초 동안, 지구가 잠시 멈춘 것 같은 정적이 흘렀습니다. 음악소리도 함성도 그쳤습니다. 그 많던 춤꾼들의 동작도 모두 사라졌습니다. 오직 공백과 침묵만으로 이루어진 이 뜻밖의 퍼포먼스에 세계가 놀랐습니다. 시로 치자면 그것은 일행 시이고, 그림으로 치자면 비단 위에 매화 한 가지를 그린, 한 폭의 동양화일 것입니다. 지금까지도 서울올림픽의 개막식에 등장한 그 어떤 수많은 장면 중에서도 가장 많은 사람들의 기억에 남는 장면을 꼽는다면 아마 이 굴렁쇠를 굴리던 어린이가 나왔던 바로 그 장면일 것입니다. 가득 채워야만 화려하고, 모두가 참여해야만 의미가 있다고 생각하기 쉬운 보통의 생각을, 이렇게 과감하고도 획기적인 퍼포먼스로 그 생각 자체를 바꾸어 놓은 것입니다.

굴렁쇠를 굴리던 그 어린이는 6년 전 1981년 9월 30일, 서독의 바덴바덴에서 사마란치 IOC 위원장이 "세울(Seoul)"이라고 외칠 때 태어난 호돌이 윤태웅 군이었습니다.

그 당시만 하더라도 외국인들에게 한국이라고 하는 나라는 아직도 전쟁의 폭격으로 인해 폐허가 된 도시를 연상하는 나라였고, 도심 곳곳에서는 깡통을 들고 다니는 전쟁고아가 많다고 생각할 때였습니다. 아시아의 한 구석에 있는 작은 나라, 아무도 알지 못하고 알려고도 하지 않는 지극히 작은 나라, 그것이 세계 사람들의 머릿속에 떠오르는 한국에 대한 이미지였습니다.

그러나 순진무구한 호돌이 윤태웅 군이 굴렁쇠를 굴리며 등장하는 순간, 그 전쟁과 가난의 어둠은 한강의 기적을 이룬 평화와 번영의 빛으로 반전했습니다. 서양문화와는 달리 여백을 중시하는 독특한 한국 전통문화의 특성을 한 순간에 세계의 모든 사람이 함께 체험할 수 있게 한 마술과도 같은 것이었습니다.

대체 누가 이 기발한 아이디어로 그 심오한 뜻을 표현하고자 했을까요? 그것은 "벽을 넘어서"라는 서울올림픽 슬로건을 만들어 한국의 아픔과 희망을 올림픽 개폐회식 식전 공연과 문화행사를 통해 보여준 바로 이어령이었습니다.

02.

묻고 또 묻는 싸움닭

이어령의 어렸을 때 별명은 뜻밖에도 싸움닭이었습니다. 또래 아이들은
물론이고 나이 많은 형과 어른들, 심지어 선생님들까지도 이어령에게는 모두가
싸움 상대였습니다. 폭력을 휘두르는 그런 싸움이 아니라 말로 싸우는 '말싸움'
말입니다. 대답하기 곤란한 질문을 해서 상대방을 당황하게 하거나, 자신의
의견을 굽히지 않고 끝까지 옳고 그름의 사리를 따지는 성격 때문에 이어령은
단 하루도 누군가와 언쟁을 하지 않는 날이 없었습니다.

　　이어령은 학교에 입학하기 전, 한문을 가르치는 서당에 다닌 적이
있었습니다. 그런데 서당에 다니면서도 그 올곧은 성격 때문에 결국 언쟁이
벌어졌습니다. 겨우 여섯 살의 나이인데도 서당 훈장 선생님에게 대들고 만
것입니다.

　　서당에서는 천자문을 가르치는데 맨 먼저 배우는 것이

'천지현황(天地玄黃)' 즉, '하늘은 검고 땅은 노랗다'라는 글귀였습니다.

다른 아이들은 훈장 선생님이 읽는 대로 똑같이 따라 읽는데 이어령만은 가만히 있질 않았습니다.

"선생님, 하늘이 왜 까맣지요? 제 눈에는 파랗게 보이는데요?"

"옛끼 이 녀석, 밤에 하늘을 보면 까맣지 않느냐?"

훈장 선생님은 당황하며 대답했습니다.

그러나 여기에서 물러설 이어령이 아니었습니다.

"그렇다면 땅도 밤에 보면 까마니까 까맣다고 해야지 왜 노랗다고 하나요?"

결국 싸움닭 이어령은 궁금증을 풀지 못한 채 서당에서 쫓겨나고야 말았습니다. 하지만 결코 포기하거나 굴복하지 않고 스스로 이 문제에 대해 생각했습니다.

'왜, 파랗게 보이는 하늘을 수천수만 명이 배우는 교과서인 천자문에서는 까맣다고 했을까? 그리고 왜, 아이들은 하늘이 까맣지 않다는 것을 알면서도 그냥 시키는 대로 외우기만 하는 것일까?'

국민학교(지금의 초등학교)에 입학해서도 마찬가지였습니다.

선생님은 영국의 기계기술자 제임스 와트에 대해 설명하고 있었습니다.

"제임스 와트는 끓는 주전자 뚜껑이 움직이는 것을 보고 증기기관을 만들었어요."

그러자 이어령이 물었습니다.

"선생님, 그럼 와트의 직업은 발명가였나요?"

"아니란다. 증기기관의 수리공이었단다."

선생님은 잠시 고민을 하다가 대답했습니다. 이어령은 무언가 이상함을 느끼고 선생님에게 다시 질문했습니다.

"와트가 증기기관을 발명했다구요? 그러면 어떻게 증기기관을 발명하기 전부터 그의 직업이 증기기관의 수리공인거죠?"

제임스 와트의 증기기관은 이전의 증기기관을 새롭게 만들어 가장 효율적인 증기기관으로서 인정을 받은 것입니다. 그래서 증기기관하면 바로 제임스 와트를 떠올리게 된 것이지요. 그런데 대부분의 사람들은 제임스 와트가 주전자 뚜껑을 보고 증기기관을 만들었다는 이야기를 그냥 대수롭지 않게 믿고 마는 것입니다. 조금만 따지고 알아보면 쉽게 알 수 있는 문제지만 대부분의 사람들은 그냥 지나치고 맙니다. 하지만 이치에 맞지 않는 것을 언제나 매의 눈으로 잡아내어 꼭 확인하고자 했던 이어령에게는 결코 그냥 지나칠 수 없는 문제였습니다.

한 번은 이런 일도 있었습니다.

태양이 지구 주위를 도는 것이 아니라 지구가 태양의 주위를 도는 것이라고 주장한 이탈리아의 천문학자 갈릴레오 갈릴레이에 대해 선생님이 이야기를 하고 있었습니다.

"지구가 태양의 주위를 돈다고 주장하던 갈릴레오는 재판장에 서게 되었단다. 그리고 자신의 주장이 옳다고 생각했지만 결국 태양이 지구를 돈다는 말에 동의를 하고 말았지. 그러나 재판장을 나오던 갈릴레오는 자신이 옳다는 생각을 굽힐 수 없었어. 그래서 갈릴레오는 재판장을 나오면서 혼잣말로 이렇게 말했단다. 그래도 지구는 돈다고."

선생님의 말씀이 끝나자마자, 이어령은 문득 이런 생각이 들었습니다.

'아니, 혼자서 한 혼잣말 한 것을 누가 들었다는 것이지?'

또 어떤 날은, 제비가 먹이를 물어다 새끼에게 주는 것을 보고 이어령이 형에게 물었습니다.

"형아, 제비 어미가 말이야. 어떻게 새끼들을 구분하고 먹이를 줄까? 입을 크게 벌리면 얼굴도 안 보이는데 어떻게 준 녀석과 안 준 녀석을 구별해서 먹이를 물어다 주지? 먹은 녀석한테만 계속 주면 배 터져 죽을 것이고, 먹이를 안준 녀석은 굶어 죽을 텐데 말이야."

보통의 아이들이 제비를 보면, 어렸을 적 부모님이 들려주었던 흥부놀부 이야기의 제비나 강남 갔다 돌아오는 제비 정도의 이야기를 떠올렸을 것입니다. 하지만 이어령은 달랐습니다. 아무도 의문을 갖지 않는 것을 항상 궁금해 했고, 답을 얻기 위해 끊임없이 물어보고 생각했습니다. 그럴 때마다 형은 난처해했고, 어른들은 호기심 많은 이어령에게 핀잔을 주기 일쑤였습니다.

"별걸 다 묻는다. 그걸 니가 알아서 뭐하니? 네가 제비니?"

어른들은 핀잔을 주었지만 이어령은 생각하고, 생각하였으며 알아낼 때까지 묻고 또 물었습니다. 그래서 이 제비에 대한 궁금증 역시 좀 더 어른이 되고 난 뒤 거뜬히 알아낼 수 있었습니다. 제비는 입을 제일 크게 벌리는 녀석에게 먹이를 준다고 합니다. 배가 비어 있는 새끼일수록 입을 크게 벌릴 수 있기 때문에 어미가 주는 밥을 여러 새끼가 골고루 먹을 수 있었던 것이었습니다.

03.

하루아침에 유명해진 문단의 샛별

1956년 5일 6일, 아침신문에 이어령의 글이 신문 문화면 전 페이지에 나왔습니다. 서울대학교를 막 졸업한, 무명의 24세 한 청년이 〈우상의 파괴〉라는 글로 당시 김동리 선생을 비롯한 문인 대가들을 몰아쳐 공격한 것이었습니다. 이어령은 당대 최고의 문인들이었던 이들을 일컬어 우상들이라고 불렀고, 그들의 문학을 비판했습니다. 그 당시는 제도 문학권 안으로 들어가려면 다른 문인들의 추천을 받거나 신춘문예를 통할 수밖에 없었던 때였습니다. 만약 젊은 문인들이 선배 문인들에게 미움을 사면 문단 데뷔는 물론, 등단한 후에도 글 한 줄 발표할 지면도 얻지 못했던 권위주의 시대였습니다. 그렇기 때문에 당대 최고 문인들의 글을 비판하는 것은 상상도 할 수 없던 일이었습니다.

하지만 이어령은 오로지 자신의 힘으로, 자신의 필력으로 문단에 발을 디디겠다는 생각을 했습니다. 이어령은 자신을 우상파괴자(iconoclast)로 자칭하며 짧고 날카로운 문장으로 〈우상의 파괴〉에 자신의 생각을 담아냈습니다. 그의 글에는 젊은 세대의 열정과 패기가 넘쳐흘렀습니다. 이 글이 발표되자 문단 전체가 술렁였습니다.

"〈우상의 파괴〉 읽어봤어? 도대체 이어령이 누구야?"

그러나 그는 문단의 가십거리만을 찾아다니는 참새 족이 아니었습니다. 어렸을 때부터 싸움닭의 관록 그대로 끝없이 배우고, 생각하고, 묻고, 또 묻는 창조적 열정과 상상력이 그를 뒷받침하고 있었습니다. 다음의 몇 가지 일화는 이런 이어령의 성격을 그대로 보여줍니다.

염상섭의 소설『표본실의 청개구리』에는 많은 비평가들이 리얼한 묘사로 자주 인용하는 대목이 있습니다.

"청개구리를 해부하자, 김이 모락모락 난다"는 부분입니다.

그런데 이어령은 이 부분에 대해 거침없이 그 허위를 파헤칩니다.

"개구리는 냉혈동물이라 외계의 기온과 개구리의 체온이 같기 때문에 김이 모락모락 날 수가 없다. 더구나 냉혈동물이 아닌 소를 잡아도 내장에서 김이 나지 않을 텐데 몸집이 5, 6센티밖에 안 되는 청개구리에서 김이 난다는 것은 말도 안 된다."

사실 이어령의 말대로 표본실에서 청개구리처럼 작은 개구리를 해부하는 일은 없습니다. 물론 청개구리를 해부해도 김이 날 리도 없지요.

이효석의『메밀꽃 필 무렵』의 마지막 장면에는 동이가 허 생원처럼 채찍을 왼손에 들고 있었다고 하여 그들이 부자지간이라는 것을 은연 중

암시하고 있습니다. 하지만 이 장면 역시 이어령에게는 여지없이 찍히고
맙니다. '왼손잡이는 유전이 되는가'에 대한 이야기는 아직도 100% 증명되지
않은 과학적 사실입니다. 이어령은 이러한 과학적 사실을 제대로 알아보지도
않고 함부로 글을 쓰는 작가들의 무책임한 글에 분노를 한 것입니다.

　　물론 이러한 싸움들이 그리 중요한 문제가 아닐 수도 있습니다. 하지만
그는 저항의 문학 등 새로운 참여문학을 내세워 현실을 외면한 채, 달과
바람과 구름을 노래하는 안이한 작가정신을 고발하고 싶었습니다. 그리고
화전민들처럼 불태운 자리에다 밭을 만들어 스스로 씨를 뿌리는 세대가 되어야
한다고 선언했습니다.

　　그렇다고 그가 기성문단에 시비를 거는 싸움닭 노릇만을 한 것은
아니었습니다. 남들이 다 난해한 작가라고 덮어버린 불우한 작가 이상(李箱)의
문학을 새롭게 조명하였으며 이상의 묻혀있는 작품들을 발굴하여 세상에
알리는데 힘썼습니다. 한국에서 가장 주목받는 문학상인 '이상 문학상'을
제정한 것도 바로 이어령이었습니다.

　　그는 이밖에도 전통의 파괴자가 아니라 기성세대와 젊은 세대의 끊어진
다리를 잇는 수많은 업적을 남겼습니다.

04.

천의 얼굴을 가진 지성인

4.19 혁명으로 자유로운 시대가 열리자 기성세대로부터 압력을 받던 이어령은 그제야 비로소 날개를 달게 되었습니다. 유명 언론인 출신의 신문사 사장으로부터 발탁되어 26세의 젊은 나이에 논설위원이 되어 전담 칼럼을 쓰는, 당당한 논객이 된 것입니다. 서울신문의 〈삼각주〉, 중앙일보의 〈분수대〉 등이 바로 그가 맡은 칼럼이었습니다.

'벽을 넘어서'라는 슬로건을 직접 지은 것처럼 이와 같은 칼럼 제목도 자신이 직접 만든 것입니다. 이때부터 그에게는 싸움닭이 아닌 '젊은 세대의 기수', '언어의 마술사'라는 별명이 붙게 됩니다. 그리고 서울대학교에 출강을 하게 되면서부터 대학 교수로서의 첫발을 디디게 되었습니다.

4.19가 일어나기 직전에는 독재정권과 싸우는 야당의 지지자로서 당시 사상계와 쌍벽을 이루던 월간지 〈새벽〉의 편집 책임을 맡은 적도 있습니다.

이어령은 〈새벽〉의 3분의 1을 할애하여 중편 문학을 발굴해 글 전체를 잡지에 싣는, 당시로서는 파격적인 편집으로 문단과 문화계에 큰 충격을 주기도 하였습니다. 최인훈의 유명한 소설 『광장』도 이어령의 손에 의해 세상에 빛을 보게 된 작품 중 하나입니다.

그리고 『전후 세계문제작품집』을 기획하여 이른바 제3 세대의 젊은 문학도에게 큰 영향을 준 것도 이어령의 아이디어에서 나온 것이었습니다. 또한 그 뒤에는 월간 〈문학사상〉을 직접 창간하여 후학을 기르는 출판 경영자의 역할도 담당 했습니다.

이렇게 그는 글을 쓰는 문인, 신문사 논설위원이라는 언론인, 대학에 출강하는 교수, 책을 펴내는 출판인으로서 황무지에 가깝던 한국 문화계의 전 방위에서 '천의 얼굴'을 가진 지성인으로 활약하게 됩니다.

문학 하나만을 두고 봐도 그는 평론과 에세이만이 아니라 소설, 시, 연극, 영화의 시나리오 거기에 '벽을 넘어서', '산업화는 뒤졌지만 정보화는 앞서가자'와 같은 구호, 고속도로에서 흔히 볼 수 있는 '갓길'이란 말과 '디지로그'란 신어들까지도 만들어냈습니다. 그래서 누군가 그의 직업, 직함 등을 일일이 헤아려 보았더니 12개도 넘는다는 말을 한 적도 있습니다. 그리고 도서관 검색에서 그의 이름으로 발표된 책들을 조사했더니 150권이 넘었다고 했습니다.

이렇게 다양한 분야에서 다양한 역할과 다양한 일을 해왔음에도 불구하고 정작 이어령 본인은 한사코 오직 한 가지 일만 해왔다고 주장합니다.

이어령은 어떠한 일을 하든지, 어떤 자리에 있든지, 어떤 일을 맡든지

타성에 젖어 습관처럼 반복하는 일을 하지 않았습니다. 다른 사람을 따라하지도 않았고 다른 사람을 흉내 내본 적도 없습니다. 끊임없이 생각하고, 고민하며 새로운 것을 창조하고 그것을 발전시켰습니다. 바로 '크리에이터'로서 오직 자신의 길을 걸은 것입니다. 그것이 자신의 직업이요, 전공이라고 생각했기 때문입니다.

05.

펜으로 일본을 정복하라

이어령은 일본의 식민지 지배 시대에 국민학교 시절을 보냈습니다. 그는
그 시절에 겪었던, 가장 뼈아팠던 기억을 중앙일보의 〈한국인 이야기〉에
연재했습니다. 아이들에게 한국말을 사용하지 못하게 했던 일본의 교육정책에
대한 내용이었습니다. 그가 연재한 글은 마치 알퐁스 도데(Alphonse
Daudet)의 『마지막 수업』처럼 무척 인상적이었습니다.

　　국민학교 2학년이 되던 해였다. 미나미(南次郎, 1874~1955) 일본
총독은 황민화(皇民化) 교육을 강화하라는 훈시를 내렸다. 한반도를 중 · 일
전쟁의 병참기지로 만들기 위해서는 '고쿠고조요'의 강력한 정책이 필요했기
때문이다.
　　일본말로 '고쿠고'는 국어(國語), '조요'는 상용(常用)을 의미하는 말이다.

이미 '국어'는 한국어가 아니라 일본어를 가리키는 말이 된 지 오래였다. 이제는 국어를 국어라고 부르지 못하고, '조센고'라고 부르는 식민지 아이들이 태어나게 된 것이다.

천방지축이던 아이들이 무엇을 알았겠는가. '고쿠고조요'의 바람은 오히려 히노마루 교실에 새바람을 일으켰다. 선생님은 도장이 찍힌 우표 크기만 한 딱지를 열 장씩 나눠 주시며 말했다. "오늘부터 고쿠고조요 운동을 실시한다. 조센고(한국말)를 쓰면 무조건 '후타(딱지)'라고 말하고 표를 빼앗아라. 표를 많이 빼앗은 사람에겐 토요일마다 상을 주고 잃은 애들은 변소 청소를 한다. 그리고 꼴찌는 '노코리벤쿄(방과 후 수업)'로 집에 보내지 않을 것이다." 선생님 말이 끝나자 환성과 비명소리가 엇갈렸다. 모국어를 쓰는 것이 죄가 되는 상황이었다.

처음엔 서로 쉽게 빼앗고 쉽게 빼앗겼지만 시간이 갈수록 딱지 전쟁은 힘겨워졌다. 한국말을 쓰는 애들은 차차 줄어들었고 일본말이 서툰 애들은 아예 입을 다물었다. 대일본 제국이 코흘리개 애들을 상대로 펼친 상호 감시와 당근·채찍의 잔꾀는 들어맞는 듯했다.

이윽고 저인망 작전을 펼치지 않으면 후타를 낚을 수 없는 상황이 되었다. "야!"라고만 해도 후타를 빼앗겼다. 일본말로는 "오이(おい)!"라고 해야 한다. 애들은 똥침을 먹여 "아얏!" 소리를 내게 하고는 후타를 빼앗기도 했다. 혹은 화장실 뒤에 숨어 있다가 소리를 질러 놀란 아이들이 "아이구머니!" 하고 소리를 내도록 하는 전략도 썼다. "아이구머니"는 한국말이 아니라고 하면 선생님에게 심판을 받으러 간다. "센세이, 아이구머니가 니혼고데스카, 조센고

데스카?(선생님, 아이구머니가 일본말입니까, 한국말입니까?)" 결과는 뻔했다.

　그러나 아이들은 위급할 때 외치는 소리도 일본말과 한국말이 다르다는 것과 '아이구머니'라는, 아무 뜻도 없는 비명 소리가 어머니를 찾는 말이라는 것을 비로소 알게 됐다. '고쿠고조요'의 역풍이 불기 시작한 것이다. 아무리 강요해도 비명 소리까지 일본말로 할 수 없다는 것과 세 살 때 배운 배꼽말은 결코 어떤 힘으로도 지울 수 없다는 것을 배우게 된 것이다.

　후타가 모자라는 아이들은 필통을 열어 연필 · 삼각자 · 지우개 같은 것을 걸고 거래를 했다. 표가 남는 아이들은 어느 새 고쿠고조요의 상으로 받는, 병뚜껑 같은 별 볼일 없는 배지보다는 몽당연필이 낫다는 실리주의를 터득하게 된 것이다. 효과가 끊어지자 선생들의 탄압도 거세졌다. 매일 교무실에서 호출이 떨어졌고 당시 시오이(鹽井) 일본 교장은 전교생 앞에서 고쿠고조요 상을 시상하기도 했다.

　토요일 방과 후 담임 선생은 나와 '구마(くま, '곰'이란 뜻)'를 교실에 남으라고 했다. 담임 선생은 파랗게 질려 있던 나에게는 시험지 답안지를 꺼내 주고는 채점을 하라고 했고 구마에게는 또 꼴찌를 했으니 선생님이 돌아올 때까지 무릎 꿇고 손을 들고 있으라고 했다. 그리고 나보고 잘 감시하라고 말하고는 급히 밖으로 나갔다.

　원래 구마의 별명은 '곰퉁이'였지만 고쿠고조요가 실시된 뒤부터 별명도 '구마(곰)'로 바뀐 것이다. 덩치는 우리 반에서 제일 컸지만 하는 일이 굼떠 일본말도 가장 서툴렀다. 아이들은 표를 빼앗으려고 늘 상어 떼처럼 이 아이의 주변을 맴돌았다. 집에는 할아버지 혼자만 있어서 빨리 집에 가야 하니까

제발 표를 빼앗지 말라고 조센고로 애걸하다가 다시 또 표를 빼앗기는, 그런 아이였다.

한참 동안 빈 교실에서 나는 채점을 하고 있었고, 구마는 선생님이 나가셨는데도 두 손을 든 채 멍하니 천장 쪽을 올려다보고 있었다. 그러다가 내 쪽을 보면서 굳게 다문 입을 달싹거리다가 번번이 다시 천장 쪽으로 고개를 쳐들었다.

"구마야! 후타라고 말하지 않을 테니 손 내리고 한국말을 해도 돼."
그러자 자기 덩치만큼이나 큰 구마의 눈물방울이 마룻바닥에 뚝뚝 떨어졌다. 아무 말도 못하고 구마의 얼굴만 쳐다보고 있을 때 갑자기 어느 교실에선가 풍금 소리가 들려왔다. "광막한 광야에 달리는 인생아……" 집에서는 한국말로 불렀고 학교에서는 일본 가사로 노래했던 바로 〈다뉴브 강의 잔물결〉이라는 왈츠 곡이었다. 이상하게도 한국 가사로 부르면 슬프게 들리고 일본말 가사로 부르면 명랑하게 들리는 노래였다.

그런데 풍금 소리는 마치 구마의 저 깊숙한 허파 속에서 울려오는 것처럼 먼 데서 들려 왔다. 우리는 풍금을 '오르강'이라고 불렀다. 그것은 일본말도 한국말도 아니라는 것을 알고 있었다. 그리고 풍금 소리는 가사가 없이도 혼자 울릴 수 있으니까 일본말이든 한국말이든 상관할 게 없었다.

풍금 소리는 바람 소리처럼 자유롭게 히노마루 교실의 창문 틈으로 새어나가 긴 복도를 지나 국기 게양대의 긴 그림자가 드리운 텅 빈 교정을 가로질러 5월의 들판으로 날아간다. 그때 처음으로 나는 구마가 아무리 한국말을 써도 절대로, 절대로 '후타'란 말을 하지 않겠다고 속으로 맹세했다.

표만 빼앗기지 않는다면 '곰'은 다시 우리 반에서 제일 기운 센 아이로 돌아올 수 있을 것이었다.

　　이글을 읽어보면 이어령이 왜 1980년대 초, 한참 한국에서 일할 나이에 일본으로 건너갔는지 알 수 있습니다. 그에게는 한국인이면서도 한국말을 하지 못하고 일본말을 써야 하는 강박관념이 있을 수밖에 없었습니다. 그는 반드시 그렇게 배운 일본말로 무엇인가를 앙갚음해야 한다는 생각을 했던 것이었습니다. 그렇게 해서 일본말로 직접 『축소지향의 일본인』을 써서 일본에서 출간해 일약 베스트셀러 작가가 되었습니다.

　　이 책은 출간된 지 30년이 넘었는데 아직도 스테디셀러로 팔리고 있습니다. 일본 안에서만이 아니라 영어, 불어, 중국어 등 여러 나라에서 번역되어 베네딕트의 일본론 『국화와 칼』을 능가하는 책으로 평가되고 있습니다. 『축소지향의 일본인』은 최근에 학술문고로 선정되어 현대 고전으로 자리매김했고, 거의 매년 일본의 여러 대학에서 국어 입시 문제로 출제되고 있습니다.

　　한국말을 쓰지 못하게 한 일본인들의 교육을 받은 이어령은 그 때 배운 일본어를 이용하여 일본문화를 비판한 글을 써서 베스트셀러의 작가가 된 것이었습니다. 이어령은 일본인들에게 한국인이, 한국문화가 무엇인가를 보여주었습니다. 부메랑처럼 어린가슴에 상처를 준 일본어를 일본인들에게로 그대로 다시 되돌려 준 것입니다.

　　일본에서 유명인사가 된 이어령은 최근에 '나라 현'의 고문과 '나라 현립

대학'의 명예총장으로 영입되기도 했습니다. 옛날 백제의 학자들이 일본으로 건너가 일본의 도읍을 만든 '나라 창설 1300주년'을 기념하기 위한 행사의 일환이었습니다. 그때의 고마움을 표시하기 위해서 한국의 학자를 초청하여 한국인의 업적을 되새기자는 뜻이었습니다.

06.

황무지에 문화의 집을 짓는 목수

이어령의 수많은 활동들은 결국 모든 문화 영역을 지적으로 통합하는 것이었습니다. 그래서 수차례 문화공보부의 장관 교섭을 받았지만 정중히 그 장관직을 사양하고 창조적 문화 활동에만 관심을 두고 있었습니다. 그러나 1990년, 한국에 처음으로 문화부가 창설되면서 초대 문화부 장관을 맡게 되었습니다.

그가 장관직에 부임하여 취임 인사를 하는 자리였습니다. 자신을 '황무지에 집을 세우는 목수'로 비유했던 취임사에서 상식을 뒤엎고 퇴임 인사를 했습니다.

"목수는 자기가 세운 집에서 살지 않습니다. 새 주인을 위해서 새 집을 만들 뿐입니다."

이 말은 목수처럼 네 기둥을 세워놓지만 그 혜택을 본인이 누리는 것이 아니라 다른 누군가를 위해 한 일이기에 그 때가 되면 미련 없이 장관직을 떠나겠다는, 일종의 퇴임사와 같은 이야기를 한 것입니다. 그리고 그의 말처럼 그는 문화발전 10개년 기획을 세우고 그 중 네 기둥의 하나로 미국의 줄리아드 대학과 같은 예술전문 종합학교를 만들고 자진하여 떠났습니다. 모든 사람이 불가능하다고 한 예술계의 숙원을 그가 퇴임하는 날, 국무회의에서 그 법안을 극적으로 통과시켰습니다. 세계 콩쿠르에서 여러 상을 휩쓰는 예술분야의 천재들을 배출하는 지금의 한국예술종합학교는 이렇게 해서 세워진 것입니다.

이처럼 문화예술계의 흐름을 바꾸어 놓은 큰 성과도 있었지만 생활 속 작은 아이디어를 통해 국민들에게 문화적 감성을 키워주고자 노력한 사례도 많습니다.

오늘날에는 상식이 되고 말았지만 전화를 걸면 멜로디가 나오는 아이디어를, 그는 문화부 장관이 되자마자 1990년에 처음으로 적용했습니다. 문화부로 전화를 걸면 까치 소리 혹은 가야금 소리가 들리게 한 것입니다. 한때 화제가 되었던 까치소리 신호음은 온 국민에게 반가운 소식을 전하고자 했던 취지도 있었지만 문화부의 관청 냄새를 씻어내고 더 친근한 마음으로 국민에게 다가서고자 했던 독창적 행정의 사례 중 하나로 기억되고 있습니다.

그러나 그렇게 많은 일을 추진함에 있어서 무엇보다도 신명나게 추진했던 일은 '쌈지 공원'을 만든 일이었습니다. 쌈지 공원이란 서울시에서 건축을 할 수 없는 자투리땅을 찾아내어 달동네 등 문화시설이 없는 곳에 만들어 주는 작은 공원을 말합니다. 이제는 도심 어느 곳에 가도 어렵지 않게 볼 수 있지만 20년 전만 해도 문화시설을 갖춘 쌈지 공원은 감히 상상도 할 수 없었던 일이었습니다. 왜 문화부가 공원을 만드는 일까지 손을 대느냐는 국회의원의 질타에 이어령은 이렇게 말했습니다.

"그것은 공원이 아니라 살아있는 예술학교입니다. 갈 곳 없는 달동네 아이들이 이 쌈지 공원에서 달도 보고 풍경소리도 듣습니다. 그 남루한 생활 속에서 얻은 이 추억으로 인해 모차르트도 나오고 피카소도 나올 것입니다."

이어령은 열악한 환경에서 자라는 아이들에게 문화예술을 체험할 수 있는 공간과 환경을 만들어 주려고 했던 것입니다. 그래서 이어령은 더 많은 것을 함께 나누어 주고 싶어서 움직이는 도서관, 움직이는 미술관을 운영했습니다. 대형 버스에 책이나 그림을 싣고 문화시설이 아예 없는 곳이나 병원이나 공장처럼 책과 그림을 쉽게 만날 수 없는 곳 등을 찾아간 것입니다. 그래서 환자들이나 근로자들이 그 움직이는 도서관이나 미술관을 통해 책이나 그림을 읽고 감상할 수 있도록 문화 향유권을 높여 주고자 한 것이었습니다.

07.

책 읽어주는 어머니

이어령의 왕성하고도 창조적인 상상력, 누구도 상상하지 못한 독특한 생각과 뜨거운 열정 그리고 그와 함께 뿜어져 나오는 기발한 아이디어는 대체 어디에서 나오는 것일까요? 이어령 자신이 말했듯, 그것은 아마도 어렸을 때 어머니가 늘 읽어주신 책 덕분인 듯합니다. 이어령의 어머니는 구한말에 태어나셨지만 신식 교육을 받으신 분입니다. 특히 문학을 좋아하셔서 늘 책을 가까이 하셨고, 글자를 모르는 아이들을 항상 품에 안고 책을 읽어주셨습니다. 그래서 이어령은 어머니를 평생 읽어도 다 읽지 못하는 한 권의 책에 비유한 적도 있습니다.

　　"나의 서재에는 수천수만 권의 책이 꽂혀 있다. 그러나 그 수많은 책 중에 언제나 나에게 있어 진짜 책은 딱 한 권이다. 이 한 권의 책, 원형의 책, 영원히 다 읽지 못하는 책, 그것이 바로 나의 어머니이다. 그것은 비유로서의 책이 아니다. 실제로 활자가 찍혀있고 손에 들어 펴 볼 수도 있으며, 읽고 나면

책꽂이에 꽂아 둘 수도 있는 그런 책이다. 나는 글자를 깨우치기도 전에 먼저 책을 알았다. 어머니는 내가 잠들기 전 늘 머리맡에서 책을 읽고 계셨으며 어떤 책들은 소리 내어 읽어주시기도 했다.

특히 감기에 걸려 신열이 높아지는 그런 시간에도 어머니는 내 머리맡에서 소설책을 읽어주셨다. 『암굴 왕』, 『무쇠탈』, 『아! 무정』 그리고 이제는 이름조차 알 수 없는 이야기들을 나는 아련한 한약 냄새 속에서 들었다.

그리고 지금도 기억한다. 겨울에는 지붕 위를 지나가는 밤바람 소리를 들으며, 여름에는 천둥과 함께 내리는 장맛비 소리를 들으며, 나는 어머니의 하얀 손과 하얀 책의 세계를 방문한다. 빈약할망정 내가 만약 매일 퍼내 쓸 수 있는 상상력의 우물을 가지고 있다면, 그리고 내가 자음과 모음을 갈라 그 무게와 빛을 식별할 줄 아는 언어의 저울을 가지고 있다면 그것은 오로지 어머니가 들려주신 목소리로서의 책에서 비롯된 것이다.

어머니는 내 환상의 도서관이었으며 최초의 시요 드라마였으며 끝나지 않는 길고 긴 이야기책이었다. 어머니와 책의 세계는 꼭 의사가 주사를 놓고 버리고 간 상자와 같은 것이었다. 주삿바늘은 늘 나를 두렵게 했지만 그 주사약의 앰플을 담았던 상자 속의 반짝이는 은박지 나 흰 종이솜만큼은 늘 포근하고 아름다웠다.

39도의 높은 신열 속으로 용해해 들어가는 신비한 표음문자들을 나는 지금도 기억한다. 그리고 상상력의 깊은 동굴 속에서 울려오는 신비한 모음의 울림소리를 듣는다.

조금 자라서 글자를 익히고 스스로 책을 읽게 되고 몽당연필로 무엇인가

글을 쓰기 시작한 뒤에도 나에게는 언제나 어머니의 손에 들려 있던 책 한 권이 있었다. 어머니의 목소리가 담긴 근원적인 그 책 한 권이 나를 따라다닌다. 그 환상의 책은 60년 동안에 수천수만 권의 책이 되었고 그 목소리는 나에게 수십 권의 글을 쓰게 했다."

어머니가 읽어주신 『암굴 왕』, 『무쇠탈』, 『아! 무정』과 같은 글들은 『레미제라블』, 『몽테크리스토 백작』 등과 같은 세계 명작들이었던 것입니다. 그때 얻은 감수성과 상상력이 후일 '국민의 책'처럼 읽힌 베스트셀러 『흙 속에 저 바람 속에』를 낳게 했습니다.

『흙 속에 저 바람 속에』는 한국인이 처음으로 자신의 얼굴과 상처를 들여다보면서 그 속살을 들어낸 한국 문화론입니다. 이 글은 처음 경향신문에 연재되었었는데 책으로 나오자마자 수십만 권이 팔렸습니다.

그 책의 책머리에는 지프차에 치일 뻔한 시골 노부부가 서로 손을 서로 꼭 붙잡고 앞으로 달려가는 모습이 나옵니다. 시골 노부부는 지프차에 쫓기고 있는데 옆으로 피할 줄 모르고 오로지, 오로지 앞으로만 달려가고 있었습니다. 이어령은 이 노부부의 얼굴에서 한국인이 살아온 역사를 보았다고 했습니다. 외국의 침략자들이 쳐들어 올 때마다 우리는 노부부의 모습처럼 앞으로만 도망치고 있었던 것이었습니다.

"이제는 더 이상 뛰지 말자. 도망치지도 말자. 겁먹은 얼굴을 하고 놓칠까봐 손을 부여잡은, 그 떨리는 손으로 이제는 미래의 역사를 만드는 거다. 새롭게 태어날 내 손자, 손녀들의 편안한 잠을 위해 그 손이 병풍이 되자. 벽이 되자. 울타리가 되자."

이 진솔한 20대 청년의 목소리는 헛되지 않았습니다. 그의 진솔한 목소리는 메아리가 되어 돌아왔습니다. 책이 나오자마자 문자 그대로 날개 돋친 것처럼 팔린 것입니다. 책이 나오고 50여 년이 지난 오늘날에도 이 책은 계속 중판을 거듭하여 현재 누적 판매부수가 250만 권을 넘어선 스테디셀러의 반열에 올라 있습니다. 한국문화론 가운데 아마도 가장 많은 외국어로 번역되어 소개된 책 중의 하나일 것입니다. 영어, 일어, 중국어, 불어, 그리고 최근에는 러시아말로 된 번역서까지 나왔습니다.

어머니의 품속에서 배운 한국말로, 가장 아름다운 한국말로 글을 쓰는 이어령. 그의 한글사랑을 보여주기라도 하는 듯 그는 최근 세계 여러 나라에서 한국말을 가르치는 세종학당의 명예 학당장이 되었습니다. 학당장이 된 후 그는 전 세계 한국어 선생님들을 향해서 이런 말을 함으로써 그들에게 한국인의 자부심과 자긍심을 심어 주었습니다.

"우리는 두 개의 나라에서 삽니다. 하나는 흙으로 된 국토요, 또 하나는 말로 된 국어의 나라입니다. 흙으로 된 국토를 빼앗긴 적은 있지만 말로 된 국어의 나라는 단 한 번도 빼앗긴 적이 없습니다. 그러므로 국토를 떠나 타국에 살아도 한국말을 잊지 않고 하는 한 우리는 언제까지나 영원한 한국인인 것입니다."

08.

뉴 밀레니엄 베이비의 탄생 비화

새 천 년을 한 해 앞둔 1999년. 전 세계의 수많은 나라가 새로운 천 년을
준비하기 위해 각 나라마다 '새 천 년 준비 위원회'가 설립되던 시기였습니다.
우리나라에서도 당연히 이 사업은 추진되었으며 문화부 장관을 역임했던
이어령이 새 천 년 준비 위원회의 위원장이 되었습니다.

이때 각 나라마다 설립된 수많은 새 천 년 준비 위원회는 어떤
아이디어와 어떤 콘셉트로 새 천 년을 선포하여 국민들에게 감동을 줄 수
있을 것인가에 대해 고민하기 시작했습니다. 엄청난 돈을 들인 최첨단 기술을
자랑하며 밀레니엄 행사를 치르자는 곳도 있었고 화려하면서도 장엄한 장관을
연출하여 국민들에게 기쁨을 주자는 나라도 있었으며 수십, 수백 명의 인원을
동원하여 요란하면서도 떠들썩하게 새로운 천 년을 맞이하자는 나라도
있었습니다.

그러나 이번에도 이어령은 자신만의 독특하고 크리에이티브적인 생각으로 그 누구도 따라할 수 없는 놀라운 기적을 만들어 내고야 말았습니다.

그 하나는 천 년의 세기가 넘어가는 그 순간, 그러니까 1999년에서 2000년이 되는 바로 그 자정이 되는 순간, 그 때에 태어나는 밀레니엄 베이비의 탄생장면을 생중계 하자는 것이었습니다. 신생아가 태어나는 장면에서 나오는 고귀한 생명의 소리로 뉴밀레니엄의 새벽을 기념하자는 것입니다. 이어령의 생각은 그 발상부터 달랐습니다. 모두가 물질과 과학에 몰두해 있을 때 정말 고귀하고 값진, 물질로써 비교할 수 없는, 가장 가치 있고 의미 있는 화두인 '생명'에 주목한 것입니다.

그러나 이어령이 처음 이 아이디어를 제안했을 때 사람들은 그의 생각이 터무니없다며 비웃고 심지어는 그의 의견을 비판하기까지 했습니다.

"아니 어떻게 그 순간에 태어나는 아이를 알아내어 실시간 중계를 할 수 있다는 말입니까? 방송 중계차가 몇 대인지나 아세요? 그날, 그 시간에 태어날 아이를 찾아내는 것도 보통 어려운 일이 아닌데 원하는 시간에 맞게 생방송 중계까지 하자고요? 도대체 그게 과연 가능하기나한 일이라고 생각하시나요?"

단 한 사람도 그의 기획에 동의하는 사람이 없었습니다.

그러나 그는 결국 해내고 말았습니다. 하루에 태어나는 신생아의 수를 통계내고, 우리가 원하는 시간에 아이가 태어날 가능성이 있는 산모들을 한국 산부인과협회 의사들의 도움을 받아 조사했습니다. 그리고 전국 20개 산부인과를 선정한 뒤 각 산부인과에 카메라가 장착되어 있는 노트북을 연결해 광화문에서 생중계 되도록 하였습니다. 이는 초고속 인터넷 망이 깔려 있는 한국과 같은 IT 선진국에서만 가능한 구상이었습니다. 누구도 따라오지 못하는 통신 인프라를 이용하여 일반 공중파 방송이 아닌 인터넷 네트워크를 이용한, 그야말로 번개 작전이었습니다.

타이밍은 기가 막히게 맞아 떨어졌습니다. 새 천 년을 알리는 카운트다운이 시작되는 마지막 종이 울릴 때 한 병원에서 즈믄둥이(밀레니엄 베이비)가 태어난 것이었습니다. 대통령이 손을 번쩍 들고 말했습니다.

"지금 이 순간, 새 천 년을 맞이하는 즈믄둥이가 태어났습니다."

그 아이는 안양 성모병원에서 태어났으며 즈믄둥이의 탄생 장면이 TV 방송의 화면에 떴습니다. 완벽한 타이밍에 즈믄둥이, 즉 밀레니엄 베이비의 울음소리가 세계를 향해 번져 나간 것이었습니다.

'이것이다! 그래 바로 이것이다! 몇 조원의 돈을 들여도 이런 고귀한 생명을 만들어낼 수는 없을 것이다. 우리가 자랑할 수 있는 것은 돈이 아니다. 겉만 번지르르한 화려함도 아니다. 누구나 말할 수 있는 상투적인 축하행사는 더더군다나 아니다. 바로 생명의 존귀함이다. 새 천 년의 희망은 바로 이 생명으로부터 시작하는 것이다.'

마치 오늘날 저 출산국가가 된 한국의 위기를 미리 짐작이라도 하듯이 즈믄둥이(사실 이 말도 이어령이 고려가요를 뒤져 '천(1,000)'의 순수한 우리말이 '즈믄'이라는 것을 찾아내어 명명한 것이다)의 울음소리는 인류의 앞날을 축복하는 동시에 경고하는 신호였습니다. 새 천 년 기념 축하 공연장에 모인 30만 명이 넘는 시민들은 그 어떤 화려한 폭죽보다도 이 생명의 폭죽에 깊이 감동했습니다. 그 어떤 나라에서도 생각하지 못한 창의적이면서도 의미

있고, 감동적이면서도 여운이 남는 우리만의 새 천 년 행사였습니다.

그러나 이뿐만이 아니었습니다. 새 천 년을 준비하며 기획한 또 하나의 아이디어가 있었습니다.

날짜 변경선이 관통하는 태평양의 작은 나라 키리바시는 가장 먼저 해가 뜨고 가장 먼저 해가 지는 곳으로 잘 알려져 있습니다. 그래서 새 천 년을 맞이하는 그 때, 그 날짜 변경선에서 '뉴밀레니엄의 태양광'을 받아 채화하였습니다. 이 아이디어 역시 아무도 생각이나 상상조차 할 수 없었던 일이기에 그렇게 채화한 불은 세계에 단 하나밖에 없는 불이 되었습니다.

이 천 년의 불은, 변산반도에서 일몰의 태양광으로 채화한 불, 호미곶에서 일출의 태양광으로 채화한 불과 함께 포항 호미곶에서 지금도 불타고 있습니다. 흐린 날에도 태양빛을 포착해 천 년의 불로 타게 만드는 특수장치 역시 이어령이 직접 아이디어를 내어 만든 것입니다.

09.

홀로그램으로 홀린 세계 예술교육대회

네 명의 김덕수가 나와서 사물놀이를 하는 놀라운 광경이 벌어졌습니다.
처음 시작된 북소리는 이내 장구, 징, 꽹과리의 신명나는 소리로 이어집니다.
장구를 든 한 명의 실제 김덕수가 북, 징, 꽹과리를 연주하는 세 명의 가상
김덕수와 함께 펼치는, 이른바 4차원의 사물놀이 한마당이었습니다. 가상의
공간이었지만 마치 실제의 공간에서 펼쳐지는 공연처럼 생생하면서도 흥겨운
한마당이었습니다.

잠시도 눈을 뗄 수 없을 정도로 신비롭고도 황홀했던 그 공연은 문화
크리에이터 이어령이 또 한 번의 창의적이고 기발한 아이디어로 기획한 세계
예술대회 개막식 공연이었습니다.

2010년, 이어령은 처음으로 멘토·멘티 제도를 이용하여 경기
창조학교를 만들었으며 명예교장이 되었습니다. 요즘 우리가 자주 듣는

멘토 · 멘티에 대한 멘토링의 교육 시스템을 한국 땅에 퍼뜨린 사람도,
창조란 말을 유행어로 만들어 사람들 입에 오르내리게 한 사람도 바로
이어령이었습니다.

창조학교의 새로운 실험으로 만든 공연물이 있었는데 그 공연 제목이
〈죽은 나무 꽃 피우기〉이었습니다. 〈죽은 나무 꽃 피우기〉는 실제 연주자가
홀로그램과 함께하는 형태로, 가장 전통적인 한국 문화를 가장 첨단적인
광학기술과 접목시킨 공연입니다. 이는 이전의 전통적인 공연에서는 볼 수
없었던 완전히 새로운 방식의 공연으로서 당시 언론은 물론 다양한 매체들의
이목을 집중시키며 큰 반향을 일으켰습니다.

한 기자는 이 개막식 공연을 보고나서 이렇게 묘사했습니다.

"무대 위에는 사물놀이의 명인 김덕수가 앉아있다. 공연장은 밤처럼
어두컴컴했다. 무대 앞에는 죽은 나무 한 그루가 차가운 겨울 날씨를
대변하기라도 하듯 앙상한 나뭇가지를 드러내고 있다. 이때, 김덕수 명인의
장구 소리가 서서히 빨라지기 시작했다. 정신없이 몰아치는 장구채의 잔상이
사라질 때쯤 이를 보고 있던 관객들은 본인들의 눈을 의심하기 시작했다. 죽은
나무에서 새로운 싹이 돋아나기 시작했기 때문이다. 여기서 끝이 아니었다.
푸른 잎을 가득 틔운 나무는 이제 하나 둘씩 나뭇잎을 떨어트린다. 물방울이
튀는 것처럼 통통 튀는 장구 소리는 흩날리는 나뭇잎을 보이지 않는 손으로
휘감듯 공중에서 소용돌이치게 만들었다.

처음에는 적막이 흐르고 어두웠던 무대가 이제는 완연한 푸른빛을 띠며
생기를 발산하기 시작했다. 그리고 무대 위에서 흩날리던 민들레 홀씨들이 무대

밖 객석으로까지 가득 채워졌다. 무대 위뿐만 아니라 관객이 앉아 있는 공연장 전체가 봄의 기운으로 가득 찼다."

영상매체를 활용해 연주자들의 음악과 영상이 어우러지게 하는 공연들은 이미 이전에도 많이 있었습니다. 하지만 이전의 그런 공연들은 단순하게 영상을 배경이나 부분적인 무대 장치의 일환으로만 활용하는 것이 대부분이었습니다. 하지만 〈죽은 나무 꽃 피우기〉에서 사용한 4D 홀로그램 기술은 연주가와 전 출연진, 그리고 이 공연을 보는 모든 관객들이 함께 참여하며 교감할 수 있는, 감동하며 감탄할 수 있는 하나의 예술작품과도 같았습니다.

"장구를 치는 김덕수 명인 옆에는 북, 징, 꽹과리를 치는 또 다른 김덕수들이 있었다. 이날 출연자 목록에 있던 전통춤의 명인 국수호는 홀로그램으로만 출연하였다. 춤을 추는 중간 중간, 춤의 명인 국수호는 홀로그램의 기술적 도움으로 순간이동이 가능한 춤을 추었다.

그리고 방금 전까지 봄의 생동감을 표현했던 그 나무는 안숙선 명창의 한이 어린 소리가 뿜어져 나오기 시작하자 이내 얼어붙고 말았다. 하지만 신명 나는 사물놀이 한 판에 다시 얼음은 깨지고 새싹이 돋아나기 시작했다. 나무에 다시 피어난 꽃잎에서는 매화향이 가득했다. 이것은 상상이 아니었다. 실제로 객석이 매화 향기로 가득 찬 것이었다. 착각인가 하며 코를 의심하고 있을 때쯤 사물놀이패가 나와 다시 한 번 나와 흥겨운 장단에 맞춰 춤을 추었다."

가장 전통적인 문화라는 콘텐츠에 가장 첨단적인 광학기술을 접목시킨 이 공연은 이어령이 세계 문화 예술교육대회의 위원장을 맡아 3,000명의 세계 전문인들 앞에서 첫 선을 보인 것이었습니다. 그때 참가자 중 한 명은 이

개히시 공연을 보고 눈물을 흘렸다면서 이렇게 저었습니다.

"이 모든 아이디어는 일찍이 컴퓨터의 기술을 익히고 디지로그 이론을 연구해낸 이어령의 머리에서 나온 것이다."

〈죽은 나무에 꽃 피우기〉는 현실이면서 가상인 동시에, 가상이면서도 현실인 독특한 경험으로 현실과 가상의 경계를 허물었습니다. 홀로그램이라는 테크놀로지에 만족하지 않고 디지로그와 협연의 형태로 동시에 무대에 올려 꽉 찬 스토리의 4D 공연을 완성한 것입니다. 뿐만 아니라 디지털 문명 속에서 피폐해진 인간의 감성과 황폐화된 지구에 새로운 생명 에너지를 불어넣는 과정을 죽은 나무에 꽃이 피는 것으로 형상화 한 것이었습니다. 이는 전 세계 인류의 보편적인 감성에 호소하여 감동을 자아냈고, 국내를 넘어 해외에서도 공연하게 되었습니다.

10.

영원한 크리에이터

이어령의 서재에는 무려 4.5미터나 되는 긴 책상이 있습니다. 자신의 지식
영역을 상징하는 책상만큼은 한국 최고 아니, 세계 최고여야 한다는 욕심에서
자신의 책상을 이렇게 크게 만든 것입니다.

　　그런데 책상의 크기만큼이나 이채로운 것이 하나 더 있습니다.
그 책 상위에 기종도, 용도도 각기 다른 8대의 컴퓨터가 나란히 놓여 있다는
것입니다. 단순히 책상의 크기에 맞게 올려놓은 전시용 컴퓨터가 아니라 지금도
여전히 사용하고 있는 컴퓨터들입니다.

　　이어령은 디지털과 아날로그를 융합한 신기술만이 한국의 미래라는
'디지로그 이론'을 만들었습니다. 그래서 컴퓨터 프로그램 중에도 디지로그
방식이 적용된 것이 있습니다. 자판이 아닌 종이에 글을 쓰면 그 내용이
컴퓨터에 바로 입력이 되는데 그 프로그램은 두 가지입니다. 하나는 종이의

반침대가 볼펜의 압력을 인식해 컴퓨터로 그 내용을 저송하는 방식이고, 다른 하나는 사용하는 필기구 자체가 작은 컴퓨터로서 종이 위의 변화를 기록하는 방식입니다. 이것은 볼펜으로 종이 위에 쓰는 아날로그 방식이 컴퓨터로 디지털화 되어 입력되는, 그야말로 완벽한 '디지로그'라고 볼 수 있습니다. 이어령은 이론만이 아닌 실생활에서도 디지로그 방식으로 생활하고 있는 것입니다. 이 완벽한 디지로그 프로그램에 대해 이어령은 이렇게 말합니다.

"종이 위에 글을 쓸 때와 자판을 통해 컴퓨터에 입력해서 글을 쓸 때의 내용이 서로 달라지는 것은 누구나 경험한 적이 있을 것입니다. 종이에 마찰되는 연필 소리와 그 느낌에 따라 쓰는 내용이 전혀 달라지는 것이지요. 딱딱한 자판을 두들기는 것과는 확연히 다른 느낌이들 것입니다. 그래서 아날로그적 감성을 담은 글을 디지털 방식의 컴퓨터로 옮기는 프로그램을 사용해 본 것입니다."

80의 나이에도 이어령은 젊은 학자 못지않은 정보이론과 컴퓨터의 실제 기술을 습득하여 한국을 정보대국으로 만드는데 일조한 인물입니다. 아직 IT가 무엇인지, 인터넷이 무엇인지 모를 때 그는 우주 중계망을 이용해 한국, 일본, 중국을 잇는 화상 좌담회를 개최했던 것이지요. 그것도 지금으로부터 20년 전에 말입니다. 단순히 생각만이 앞선 것이 아니라 늘 이를 접목하고 실천하는 추진력이 남달랐기에 가능한 일이었습니다.

싸이가 말춤 하나로 전 세계를 떠들썩하게 만들 때 이어령은 이런 말을 했습니다.

"말로 세계를 정복한 사람은 딱 두 사람이 있다. 하나는 칭기즈칸이고 또 한 사람은 싸이이다. 그런데 칭기즈칸은 세계를 정복할 때 피를 뿌렸지만 싸이는 웃음과 기쁨을 뿌렸다. 같은 말, 같은 몽골로이드인데 가는 길은 완전히 다르다. 세계를 춤추게 하라. 멈추는 지구를 돌려라!"

싸이와 칭기즈칸. 누가 보아도 공통점이라고는 하나도 없을 것 같은 이 두 인물을 '말'과 '정복'이라는 두 단어만을 사용하여 둘의 공통점과 차이점, 가치관과 세계관까지를 단 몇 줄의 문장으로 모두 표현한 것입니다.

노래와 춤을 통해 전 세계에 웃음과 기쁨을 준 힘, 세계를 춤추게 할 수도 있고, 멈추어 있는 지구를 돌리게도 할 수 있는 힘, 그 힘이 바로 잠재력을 지닌 문화의 힘이라는 것을 보여주는 한 마디였습니다.

이어령의 남다른 생각과 그 생각의 크기를 알 수 있는 예화가 하나 더 있습니다.

어느 기자와 인터뷰를 하던 중, 80이라는 나이에 대한 소감을 묻자 그는 웃으며 오히려 기자에게 이렇게 물었습니다.

"80에 0이 몇 개가 있지요?"

"80이니까 하나입니다."

"내 눈에는 세 개로 보이는데요?"

"네? 0이 세 개면 8000이라는 말씀이신가요?"

"아닙니다. 8에도 0이 두 개가 있잖아요."

"아, 맞네요. 그러고 보니 동그라미가 세 개가 맞네요."

"아니에요, 그것도 틀렸어요. 8을 옆으로 눕혀 봐요. 무한대가 보이죠? 0의 수는 무한대입니다."

정말 그랬습니다. 8을 눕히면 무한대의 기호가 되고, 뫼비우스의 띠가 되는 것입니다.

"하하, 제가 교수님께 또 한 번 당했네요!"

80의 노 교수의 엉뚱하지만 재치 있고 의미 있는 정답에 젊은 기자는 크게 소리 내어 웃을 수밖에 없었습니다.

무한대.

맞습니다. 크리에이터로서 그의 생각과 창의력, 아이디어는 그야말로 무한대입니다.

고정된 생각의 틀을 깬 자유로운 생각, 머무르지 않고 끊임없이 도전하는 의지, 가치의 참과 거짓을 파악하는 탁월한 안목, 한 발 앞서 먼저 실천하고 그로 인해 한 발 더 앞서가는 이어령만의 추진력, 이 모든 것이 그의 머리와 가슴 깊이 내재되어 있기에 80의 나이인 지금 이 순간에도 그는 지적 모험을 계속하고 있는 것입니다. 지금까지도 그랬고 앞으로 그런 기억으로 남게 될 무한 상상력을 지닌 '영원한 크리에이터'로서 말입니다.

영어로 읽는 세계 속 한국인 **8**

LEE, O YOUNG 이어령

초판 1쇄 인쇄 2015년 10월 20일
초판 1쇄 발행 2015년 10월 26일

지은이	Hokyoon Ahn(안호균), (주)영진미디어 편집부
펴낸이	이준경
편집장	홍윤표
편집	김소영, 이가람
디자인	강혜정
마케팅	이준경
펴낸곳	㈜영진미디어
출판등록	2011년 1월 7일 제406-2011-000003호

주소	경기도 파주시 문발로 242 (문발동) ㈜영진미디어
전화	031-955-4955
팩스	031-955-4959
이메일	book@yjmedia.net
홈페이지	www.yjbooks.com
종이	㈜월드페이퍼
인쇄	우일인쇄공사

값	12,000원
ISBN	978-89-98656-50-8

* 본 도서의 한글본은 독해를 돕기 위해 제작한 것으로서 영어와 한글의 자연스러운 표현 방식이 다르기 때문에 직독직해용으로 일치하지 않을 수 있다는 점을 참고해 주시길 바랍니다.